라틴팝으로 배우는

영어랑 스페인어

Learning English & Spanish through Latin Pop Songs

신명희 강필운 지음

성진미디어

라틴팝으로 배우는 **영어랑 스페인어**

저 자 | 신명희 강필운
발행인 | 채희선
발행처 | 성진미디어
발행일 | 2021년 09월 03일
등 록 | 제311-2010-23호

전 화 | 02)374-4363(대표)
팩 스 | 02)375-4362
주 소 | 서울시 은평구 증산동 248 중앙하이츠상가 B101호

ISBN 978-89-98308-43-8

값 18,000원

머리말

라틴팝으로 배우는 영어랑 스페인어

사람은 누구나 살아가면서 터닝 포인트를 만나게 된다. 내게는 팝송 한 곡이 바로 내 삶의 방향을 바꿔놓는 계기가 되었다. 바로 1967년에 결성하고 1980년대 재즈락에서 팝발라드로 음악 스타일을 변모시킨 그룹 시카고의 13번째 음반 <시카고16>의 5번째 트랙, 'Hard to say I'm sorry'라는 곡이었다. 이 곡을 들은 그날 이후 팝송에 대한 사춘기 여학생의 열정은 자연스럽게 영어로 연결되면서 피아노 전공을 하겠다던 꿈은 영어 선생님으로 바뀌었고 지금은 대학에서 학생들에게 영어를 가르치고 있다. 몇 년 전에 학교특강으로 우연히 듣게 된 스페인어 강좌에서 한국 영화 <하모니>에서 소개가 된 'Eres tú'라는 곡을 배우면서 고등학교 시절 친구들과 가사 의미도 모른 체 그냥 흥얼거렸던 추억과 함께 스페인 노래의 맛과 멋을 느끼게 되었다. 그때부터 음악 사이트를 통해서 라틴팝을 즐겨 들으면서 이런 노래들을 가지고 학생들이 영어와 스페인어를 동시에 공부하면 좋겠다는 생각을 막연하게 품게 되었다.

우리가 사는 글로벌 세상에서 외국어는 필수적인 무기가 되었다. 이제는 영어뿐만 아니라 다른 외국어들도 각기 자신들의 영역을 확장해 나가고 있다. 그중에서도 특히 스페인뿐만 아니라 중남미 22개국 이상의 국가들이 공용어로 사용하고 있는 스페인어의 중요성은 아무리 강조해도 지나치지 않을 거 같다는 생각에 마음속에 품고 있었던 것을 실천에 옮기기로 하고 스페인어 담당 교수님과 공동작업으로 이 책을 완성하게 되었다.

이 책은 다음과 같은 내용으로 구성되었다. 우리에게 친숙한 라틴팝을 중심으로 각 곡의 배경과 함께 스페인어 가사 소개와 단어별 우리말 직역, 전체 가사의 우리말 이해, 영어로 배우기, 스페인어로 배우기, 한 걸음 더 들어가기라는 주제로 라틴팝을 통해 영어권, 스페인·중남미권 문화 소개와 꼭 배우고 가야 할 부분을 집중적으로 다루었다.

끝으로 이 책은 본인의 졸저 「팝송과 영화로 배우는 영어와 문화」의 시리즈판임을 밝히며, 이 책이 스페인어를 어렵게만 느끼는 초보 학습자들에게 라틴팝의 즐거움을 통해 영어와 스페인어를 함께 배워갈 수 있는 디딤돌이 되기를 바란다.

무더운 여름날

저자 신명희

저자 소개

라틴팝으로 배우는 영어랑 스페인어

저자: **신명희**

저자는 한국외국어대학교에서 영어학 박사학위를 받고, 현재 한남대학교에서 교수로 재직 중이다. 2013~2016년까지 매년 국제융합 학술대회 최우수 논문상을, 2017년 한국대학교육협의회 주최 〈대학 교수법 및 학습법 프로그램 공모전〉에서 우수상을 수상하였다. 주요 저서로는『네이티브처럼 말하기』,『영화로 배우는 영어와 문화』,『GRAB YOUR CHANCE』,『팝송과 영화로 배우는 영어와 문화』,『영국문화의 이해』 등이 있으며, 학생들과 끊임없이 소통하면서 그들의 행복한 삶의 마중물이 되고자 즐거운 만남을 이어가고 있다.

저자: **강필운**

한국외대 스페인어과를 졸업하고 스페인 외무부 장학생으로 선발되어 마드리드 국립대학교에서 스페인 문학박사 학위를 받았다. 현재 한남대학교에서 연구교수로 재직 중이다. 저서로는『신비주의 문학의 이해』, 역서로는『수사학의 역사』,『모두가 창녀다』,『세상 밖으로 배낭을 꾸려라』,『구스만 데 알파라체』 등이 있으며, 그 밖에 스페인 황금세기(16~17세기) 문학에 관한 논문을 다수 발표하였으며, 최근에는 학생들과의 소통 강화를 위한 스페인어 수업모형 개발에 힘을 쏟고 있다.

Contents

Contents

Despedida / 이별

Capítulo 1 ~ 8 Encuentro 만남

¡HOLA!

Canción 1. Adoro 사랑해

Canción 2. Cielito Lindo 예쁜하늘

Canción 3. La Cucaracha 바퀴벌레

Canción 4. Quién Será 누굴까?

Canción 5. Macarena 마까레나

Canción 6. La Bamba 라 밤바

Canción 7. Rosas 장미

Canción 8. Ven a cantar 함께 노래 불러요

Adoro 아도로 사랑해

1967년 멕시코 아르만도 만사레노(Armando Manzanero)가 작곡했으며 미국의 팝가수 비키 카(Vikki Carr, 1941~)가 세계적으로 히트했다. 비키 카는 미국 출신이지만 스페인 노래를 많이 불렀다. Adoro는 우리나라에서는 패티김이 불러서 대중의 사랑을 받았던 곡이기도 하다.

Adoro

Adoro la calle en que nos vimos
아도로 라 까예 엔 께 노스 비모스
사랑해 거리 우리를 만났다
(사랑해, 우리가 만났던 그 거리)

La noche cuando nos conocimos
라 노체 꾸안도 노스 꼬노시모스
밤 ~할때 우리를 알았다
(우리가 알게 된 그 밤)

Adoro las cosas que me dices
아도로 라스 꼬사스 께 메 디세스
사랑해 것들 네게 말하다
(사랑해, 네가 내게 말한 것들)

Nuestros ratos felices
누에스트로스 라또스 펠리쎄스
우리의 순간들 행복한

(우리의 행복한 그 순간들)

Los adoro, vida mía
로스 아도로, 비다 미아
그것들 사랑해 삶 내

(그 모든 것을 사랑해, 내 사랑)

Adoro la forma en que sonríes
아도로 라 포르마 엔 께 손리에스
사랑해 형태 미소짓다

(사랑해, 미소짓는 그 모습)

Y el modo en que a veces me riñes
이 엘 모도 엔 께 아 베쎄스 메 리녜스
방식 몇 번 날 꾸짖다

(가끔 씩 내게 토라지는 모습)

Adoro la seda de tus manos
아도로 라 세다 데 뚜스 마노스
사랑해 비단 네 손

(사랑해 네 부드러운 손)

Los besos que nos damos
로스 베소스 께 노스 다모스
키스 우리에게 주다

(우리가 주고 받았던 키스)

Los adoro, vida mía
로스 아도로, 비다 미아

(그 모든 것을 사랑해, 내사랑)

Y me muero por tenerte junto a mi
이 메 무에로 뽀르 떼네르떼 훈또 아 미
죽는다 널 가지다 곁에

(널 내 곁에 두고 싶어 죽을 거 같애)

Cerca, muy cerca de mi
쎄르까 무이 쎄르까 데 미
가까이 아주 네게서

(내 곁에, 바로 내 곁에)

No separarme de ti,
노 세빠라르메 데 띠
내가 헤어지다

(너와 헤어지지 않게)

Y es que eres mi existencia, mi sentir,
이 에스 께 에레스 미 엑씨스뗀씨아 미 센티르
이다 내 존재 느낌

(넌 내 존재, 내 느낌)

Eres mi luna
에레스 미 루나
이다 내 달

(넌 내 달)

Eres mi sol
에레스 미 솔
이다 내 태양

(넌 내 태양)
Eres mi noche de amor
에레스 미 노체 데 아모르
이다 내 밤 사랑

(넌 내 사랑의 밤)

Adoro el brillo de tus ojos
아도로 엘 브리요 데 뚜스 오호스
사랑해, 반짝임 네 눈

(사랑해, 반짝이는 네 눈동자)

Lo dulce que hay en tus labios rojos
로 둘쎄 께 아이 엔 뚜스 라비오스 로호스
달콤한 있다 네 입술 붉은

(달콤한 네 붉은 입술)

Adoro la forma en que me miras
아도로 라 포르마 엔 께 메 미라스
사랑해 형태 날 바라보다

(사랑해, 날 바라보는 그 모습)

Y hasta cuando suspiras
이 아스따 꾸안도 수스삐라스
~까지 한숨짓다

(네 한숨 짓는 모습까지도)

Yo te adoro, vida mía
요 떼 아도로 비다 미아
난 널 사랑하다 삶 내

(난 널 사랑해, 내 사랑이여)

Yo, yo, yo te adoro
요 요 요 떼 아도로
난 난 난 널 사랑해

(난, 난, 난 널 사랑해)

Vida mia.
비다 미아
삶 내

(내 사랑이여)

영어로 배우기

- nos: each other (서로서로)
- nos damos: that we gave each other (우리가 서로 주고받았던)
- feliz: happy 영어는 스페인어와 달리 명사가 복수이든 단수이든 형용사의 수가 변화하지는 않는다. Our happy moments (우리들의 행복한 순간들). '생일 축하합니다'의 '축하'의 영어 표현에 'Happy birthday to you'처럼 'Happy'를 사용하지 'Congratulation'을 사용하지 않는다. 'congratulation'은 노력의 결과로 얻은 성과나 성취에 대해 축하한다는 의미로 사용하는 표현으로 스페인어의 'enhorabuena'와 같은 의미이다. 반면 생일과 같이 어떠한 노력의 결과나 성취가 아닌 '축하' 표현과는 쓰임이 다르다.
- me muero por~: dye for (~ 때문에 죽을 거 같다). 예) I will die because of you (나는 당신 때문에 죽을 것 같다), 우리는 '~해서 죽겠어'라는 표현을 자주 사용한다. '더워 죽겠어', '추워 죽겠어', '어려워 죽겠어', '기분 좋아 죽겠어'. 그런데 영어 표현에서도 '죽겠어'의 표현들, 즉 'dye for something' 'kill for something'이 많이 쓰인다. 예를 들면 영화 '악마는 프라다를 입는다 (Devil wears Prada)'의 대사 중 'kill for that job' 또는 'dying for work' (그 일을 하고 싶어 죽겠어), I'm killing myself trying (죽도록 노력하고 있다).

- junto a ~: ~ 바로 곁에 right next to me 이 노래에서처럼 곁에 두고 싶어 죽을 것 같다는 'I'm dying to have you right next to me.'로 표현할 수 있다.
- separarme: break up (헤어지다). 예) You should break up with her (너는 그녀랑 헤어지는 게 좋을 것 같아).
- existencia: existence (존재). 예) Your very existence is important (너의 존재 자체가 중요해).
- luna: moon (달) 예) You are my moon (넌 내 달).
- sol: sun (해) 예) You are my sun (넌 내 태양).
- suspiras (동사 suspirar): sigh (한숨을 내쉬다)

스페인어로 배우기

- nos conocimos: nos는 상호의 se(me/te/se/nos/os/se)로 '서로 서로'라는 의미, 뒤에 나오는 nos damos의 nos도 상호의 me로 '우리가 서로 주고 받았던' 뜻이 된다
- me dices: me는 1인칭 간접 목적격(me/te/le)으로 '내게'라는 뜻이다. 목적격은 동사 앞에 위치한다.
- feliz라는 형용사는 명사 ratos가 복수이므로 felices라는 복수 형

태가 된 것이다(z→cs로 바뀜)

- a veces: 가끔(vez의 복수 veces)
- 소유격은 전치형/후치형이 있는데, nuestrso ratos는 전치형으로 명사 앞에 위치하며, vida **mía**처럼 뒤에 위치하는 후치형 경우에는 꾸며주는 명사에 따라 성수 일치를 해서 이 경우 vida가 여성이므로 **mía**가 되는 것이다
- me muero por~: ~ 때문에 죽을 거 같다
- junto a **mí**: 내 곁에
- cerca de ~: ~ 가까이에
- separarme de ti: 너와 헤어지다(separarse de ~: 헤어지다)
- hay: 있다(동사 haber의 파생어)

한 걸음 더 들어가기

영어로 인사하기

A. Hi! Nice to meet you~

(안녕하세요 만나서 반가워요)

B. Hi, nice to see you too. How are you?

(안녕하세요? 오늘 기분 어떠세요?)

A. Very good, thanks. How about you?

(좋아요, 당신은요?)

B. It couldn't be better. You're here for a trip, aren't you?

(이보다 더 좋을 수 없어요). (여기에 여행 차 오신거지요, 그쵸?)

A. Yes.

(네)

B. Have a good time~

(좋은 시간 보내세요~)

A. Thanks. You too. Good bye.

(고마워요! 당신도요. 안녕히 가세요)

스페인어로 인사하기

A. ¡Hola! Encantado.

(안녕하세요 만나서 반가워요)

B. ¡Hola! **¿Qué** tal?

(안녕하세요? 오늘 기분 어떠세요?)

A. Muy bien, gracias. Y ¿Vd.?

(좋아요, 당신은 어때요?)

B. Yo, **también**. ¿Está en vacaciones aquí?

(저도 좋아요, 여기에 여행 차 오신거지요 ?)

A. Sí.

(네)

B. ¡Qué tenga buen tiempo~

(좋은 시간 보내세요~)

A. Gracias. Hasta luego.

(고마워요! 안녕히 가세요)

- Encantado: 만나서 반갑다(여자가 말할때는 Encantada)
- Vd(usted): 당신. 옛날에 아랫사람이 윗사람을 부를 때 쓰던 높임말 'Vuestra Merced'의 약자로 Vd. 혹은 Ud. 로 표기한다. 오

늘날 스페인에서 'usted'은 공식적 만남이거나 초면일 경우에만 사용하고 그 외 경우에는 대부분 'tú'를 사용한다. 그러나 중남미에서는 'usted'을 많이 사용하고 있다.

- ¿Qué tal?: 기분 어떠세요?(How are you?)
- Muy: 매우
- bien: 잘
- tenga(원형:tener): 가지다(have)
- tiempo: 시간
- Hasta luego: 안녕히 가세요(See you later)

Casa Milà (까사밀라)

Cielito Lindo 시엘리또 린도 예쁜하늘

멕시코 작곡가 끼리노 멘도싸 이 코르떼스(Quirino Mendoza y Cortés)가 1882년에 만든 곡

Cielito Lindo

De la Sierra Morena
데 라 시에라 모레나
산
(모레나 산에서)

Cielito lindo, vienen bajando
씨엘리또 린도 비에넨 바한도
하늘 예쁜 오다 내리다
(예쁜 하늘아, 내려오고 있네)

Un par de ojitos negros
운 빠르 데 오히또스 네그로스
두개 눈 검은
(두 개의 검은 눈동자가)

Cielito lindo, de contrabando
씨엘리또 린도 데 꼰뜨라반도
하늘 예쁜 밀매

(예쁜 하늘아, 아무도 몰래)

Ay, ay, ay, ay, canta y no llores
아이, 아이, 아이, 아이 깐따 이 노 요레스
노래해 그리고 울다

(아! 울지말고 노래해)

Porque cantando se alegran
뽀르께 깐딴도 세 알레그란
왜나면 노래하면서 즐거워하다

(노래하면 즐거워져)

Cielito lindo, los corazones
씨엘리또 린도 로스 꼬라쏘네스
하늘 예쁜 마음

(예쁜 하늘아, 마음이)

Ese lunar que tienes
에세 루나르 께 띠에네스
그 반점 가지다

(네 그 점)

Cielito lindo, junto a la boca
씨엘리또 린도 훈또 아 라 보까
하늘 예쁜 옆에

(예쁜 하늘아, 네 입 옆에 있는)

No se lo des a nadie
노 세 로 데스 아 나디에
~에게 그걸 줘라 아무도

(그걸 누구한테도 주지마)

Cielito lindo, que a **mí** me toca
씨엘리또 린도 께 아 미 메 또까
하늘 예쁜 날 건드리다

(예쁜 하늘아, 내게만 해줘)

De domingo a domingo
데 도밍고 아 도밍고
~부터 일요일 ~까지

(일요일부터 일요일까지)

Cielito lindo te vengo a ver
씨엘리또 린도 떼 벵고 아 베르
하늘 예쁜 널 오다 ~하러 보다

(예쁜 하늘아, 난 널 보러 왔어)

¿Cuándo será domingo,
꾸안도 세라 도밍고
언제

(일요일은 언제 쯤일까)

Cielito lindo, para volver?
씨엘리또 린도 빠라 볼베르
하늘 예쁜 돌아가다

(예쁜 하늘아, 돌아갈?)

영어로 배우기

- lindo, bonito: pretty (예쁜). 예쁘다는 표현은 주로 pretty, beautiful을 기억하지만 '예쁜여자'를 묘사할 때는 보다 다양하게 표현할 수 있다. 영국에서는 'beautiful'이란 표현보다 더 많이 사용하는 표현이 'stunning'이며 이와 비슷하게 'striking'도 사용된다. 예) She looks so stunning! (그녀는 정말 예뻐 보인다). 예) Her eyes are her most striking feature (그녀의 눈이 그녀에게서 가장 예쁜 부분이다).
- de contrabando: secretly (비밀리에). secret과 confidential의 올바른 이해와 쓰임을 알아보면 먼저 우리말의 비밀과 기밀의 차이에 대한 이해가 필요한데 '기밀'의 사전적 의미는 '외부에 드러내서는 안 될 중요한 비밀'이다. '비밀'이 일반적으로 쓰이는 단어라면 '기밀'은 주로 국가 안보에 관하여 매우 중요하여 그것을 취급하는 사람이 매우 한정되어 있고 일반 사람들에게는 상당 기간 또는 영구적으로 공개되지 않는 것을 말한다. 영어표현의 'confidential'은 가장 낮은 단계의 비밀이다. 그 다음으로 높은 단계가 'secret', 그 다음이 'top secret'이다. 말하자면, 우리말에서 '기밀'에 해당하는 영어 단어는 'secret' 혹는 'top secret'이다. 그렇다면 계약서에서 주로 사용되는 'confidential'은 그 비밀의

범위가 광범위하지 않고 주로 당사자 사이에서 중요하기 때문에 비밀로 하는 경우에 사용되므로 굳이 우리말의 '기밀'이라는 단어를 사용할 필요는 없다.

- no llores: Don't cry (울지마). 영어의 명령문 만들기는 주어를 생략하고 동사는 원형을 사용하여 만들면 된다. 예) You finish your work right away의 문장에서 주어인 You를 생략하고 동사의 원형을 문장 앞에 두어 만들면 명령문 Finish your work right away가 된다. 부정명령문의 경우 동사 원형 앞에 don't이나 never를 두어 만들 수 있다. 예) Don't finish your work right away.
- porque: (접속사) Because (~이기 때문에). 접속사와 전치사의 차이는 접속사 뒤에는 주어+ 동사를 갖춘 문장이 오지만 전치사 뒤에는 면사의 형태가 온다. Because와 Because of를 살펴보면, Because는 접속사로 뒤에 주어와 동사가 있는 완전한 문장, 즉 절이 와야 한다. 예) Because singing is fun (노래하면 즐거워지기 때문이다). 반면 Because of 뒤에는 명사 형태가 온다. 예) Because of singing (노래 때문에). 우리가 흔히 우리말로 번역하면서 서로 다른 의미라고 착각하기 쉽지만 결국 같은 의미인 것을 하나 더 기억하자면, Although와 despite(in spite of)인데 접속사 Although는 뒤에 주어와 동사를 갖춘 문장이 오고 전치

사 despite(in spite of) 뒤에는 명사 형태가 온다. 예) Although I graduated, I still study hard (비록 나는 졸업은 했을지라도 여전히 열심히 공부한다). 예) Despite graduating, I still study hard (졸업했음에도 불구하고 나는 여전히 열심히 공부한다).

- de ~ a ~: from ~ to (~부터 ~까지) 예) From Sunday to Sunday (일요일부터 일요일까지) 또 다른 표현으로는 Between ~ and ~를 사용할 수 있다. 예) Between Sunday and Sunday. 좀 더 쉬운 예를 들자면 '서울에서 대전까지'를 영어로 표현할 때 1) From Seoul to Daejeon. 그리고 Between Seoul and Daejeon으로 표현할 수 있다.

스페인어로 배우기

- cielito: 하늘(cielo의 축소형)
- lindo: 예쁜(lindo는 멕시코에서 많이 쓰고 스페인에서는 bonito를 많이 쓴다)
- la sierra: 산맥, (깊은) 산
- un par de ~: 한 짝
- ojitos negros: 검은 눈동자들

- de contrabando: 비밀리에, 밀수로(contrabando: 밀매, 밀수)
- no se lo des a nadie: 아무에게도 그걸 주지마(주다 dar의 2인칭 부정명령형 des)
- no llores: 울지마(울다 llorar의 2인칭 부정명령형)
- porque: (접속사) ~이기 때문에
- se alegran los corazones: 마음이 즐거워지다(alegrarse 즐거워하다, 기뻐하다)
- el lunar: 반점
- junto a: ~ 옆에
- te vengo a ver: 널 보러 오다(venir a + 동사원형: ~하러 오다)
- será: 일거다(ser의 미래시제 3인칭 /seré-serás-será)
- de ~ a ~: ~부터 ~까지

한 걸음 더 들어가기

Siesta

스페인은 점심을 먹고 나서 휴식을 취하면서 짧은 낮잠을 자는 시에스타(Siesta) 문화가 있다. 시에스타를 하는 전통적인 시간은 오후 3시부터 4시까지 또는 5시까지다. 대부분 이 시간에 상점들은 문을 닫고 공공기관이나 관공서도 업무를 쉬는 곳이 많다(참고로 스페인 은행이나 관공서는 2시에 문을 닫고 다들 퇴근한다).

Sargent, John Singer의 작품, Siesta

그래서 식문화 또한 일반적으로 다르다. 점심시간은 보통 오후 2시 전후이며 저녁시간은 9시 이후이다. 지중해에 위치한 스페인은 더운 나라이며, 태양이 보통 정오에 가장 높이 뜨며 낮 시간은 가장 기온이 높기 때문에 태양 아래서 일하는 것을 피한다. 그래서 낮에 휴식을 취하고 짧은 잠을 자면 시원한 시간을 이용하여 더 효율적으로 일을 할 수도 있다. 그러나 시에스타의 또 다른 이유는 스페인은 다른 나라에 비해 긴 점심시간을 가지고 있고, 늦은 밤의 시간(late night life)을 최대한 즐기기 때문이다.

La Cucaracha 라 꾸까라차 바퀴벌레

이 노래는 원래 스페인 민요에서 전래된 것으로 멕시코 혁명 상황에서 판초 비야를 비롯한 농민군들에게 널리 유행하였다. 바퀴벌레라는 뜻의 라 꾸카라차가 노래 제목이 된 이유에 대해서는 다양한 견해가 있다. 농민군들이 끈질기게 살아남는 스스로를 바퀴벌레에 비유하였다는 설, 농민들의 비참한 삶을 표현하였다는 설, 멕시코 북부에서 혁명군을 이끌었던 판초 비야가 보여준 불굴의 의지를 나타냈다는 설 등이 있다.

La Cucaracha

La cucaracha, la cucaracha
라 꾸까라차 라 꾸까라차
바퀴벌레

(바퀴벌레야, 바퀴벌레야)

Ya no puede caminar
야 노 뿌에데 까미나르
이제 할수있다 걷다

(이제 넌 걸을 수가 없구나)

Porque no tiene
뽀르께 노 띠에네
왜냐면 가지다

(넌 없으니까)

Porque le faltan
뽀르께 레 팔딴
그에게 부족하다

(넌 부족하니까)

Las dos patitas de atrás
라스 도스 빠띠따스 데 아뜨라스
둘 다리 뒤

(뒷다리 두 개가)

Una vez, la cucaracha
우나 베쓰 라 꾸까라차
번 바퀴벌레

(한번은 바퀴벌레가)

Se metió en un hormiguero
세 메띠오 엔 운 오르미게로
들어갔다 개미집

(개미집으로 들어갔어)

Y las pícaras hormigas
이 라스 삐까라스 오르미가스
불쌍한 개미들

(불쌍한 개미들이)

Las patitas le comienron
라스 빠디따스 레 꼬미에론
다리 먹었다

(바퀴벌레 뒷다리를 먹어버렸어)

Pobrecita, cucaracha
뽀브레씨따 꾸까라차
불쌍한 바퀴벌레

(불쌍한 바퀴벌레야)

Anda renga y afligida
안다 렌가 이 아플리히다
걷다 절룩거리는 괴로운

(다리를 절뚝절뚝 거리는구나)

Caminando a paso lento
까미난도 아 빠소 렌또
걸으면서 걸음 천천히

(천천히 걸어서)

Escondiéndose de día
에스꼰디엔도세 데 디아
몸을 숨기면서 낮
(어두운 곳으로 숨는구나)

La señora cucaracha
라 세뇨라 꾸까라차
아주머니 바퀴벌레
(아줌마 바퀴벌레는)

Se ha comprado una bombacha
세 아 꼼쁘라도 우나 봄바차
샀다 바지
(바지를 하나 사입었어)

Toda llena de botones
또다 예나 데 보또네스
전부 가득찬 단추
(단추가 많이 달려있고)

Y adornada con hilachas
이 아도르나다 꼰 일라차스
장식된 실부스러기
(실밥이 너덜너덜 붙어있는)

Qué bombacha mamarracha
께 봄바차 마마라차
결함이 많은
(참 거지같은 바지를 입었네)

Le dijeron los ratones
레 디헤론 로스 라또네스
그에게 말했다 쥐들

(쥐들이 놀렸다)

Pero, a doña cucaracha
뻬로 아 도냐 꾸까라차
그러나 바퀴벌레

(그러나 바퀴벌레 부인은)

No le importan opiniones
노 레 임뽀르딴 오삐니온네스
그에게 중요하다 의견

(그런 말에 신경 안쓰네)

Plaza Mayor (마요르 광장)

영어로 배우기

- La cucaracha: Cockroach(바퀴벌레)
- no puede: can not (~할 수 없다). 영어의 조동사 can은 그 사용에 있어서 could와 그리고 be able to와 같은 것 같으면서 다른 점이 있다. can과 could는 1) 시제의 차이: can은 현제시제, could는 과거시제에 사용한다. 2) could는 can보다 덜 확실한 상황에서 사용한다. 예) I could go shopping this afternoon (오후에 쇼핑 갈 수도 있다). 3) could는 can보다 비현실적 상황에서 사용한다. 예) I have been so tired since I changed the job. I could sleep for a week (직장을 옮긴 이래로 너무 피곤하다. 평일 내내 잘 수 있을 것 같다). can과 be able to의 차이는 1) be able to는 주어에 따라서 be 동사가 달라진다. 예) I am able to~, She is able to, They are able to~, 과거 시제에 따라서도 예) I was able to~, They were able to~로 수 일치 표현이 가능하다. 2) can (could)가 일반적인 능력을 나타낸다면 be able to는 특정한 상황에서 '~할 수 있었다' 의미를 나타낸다. 예) There was a fire in that area, but we were able to escape (그 지역에 화제가 있었지만 우리는 빠져나올 수 있었다). 3) 다른 조동사와 함께 사용할 수 있다. 예) You should be able to speak Spanish

to get a job (취업을 위해서는 스페인어를 구사할 수 있으면 좋을 것 같다).

- caminar: walk (걷다). walk는 일반적으로 걷는 걸음을 의미한다. 하지만 걸음도 1) 보폭에 따라: march (행진) 일정 보폭으로 발을 맞춘 걸음, pace: 보통의 보폭으로 일정한 걸음. 2) 속도에 따라: dart, dash (갑자기, 재빨리 특정 방향으로의 움직임), lunge (매우 빨리 특정 사물이나 사람에게로의 접근), rush (서둘러 빠르게 움직임), edge (조금씩, 점진적인 이동). 3) hike, trek (야외에서 아주 긴 거리의 걸음), slide (빙판 위에서 부드럽게 미끄러짐), slip (slide와 같은 의미인데 의도하지 않게 갑작스럽게 미끄러짐), tiptoe (까치발로 걸음)이 있다.
- faltan: missing, lack (부족한). There are a lot of missing materials (부족한 자제도 많다). 예) My eyes were bloodshot due to lack of sleep (잠이 부족해서 눈이 충혈되었다)
- hormiguero: an ants' nest (개미집).
- renga (rengo): limping (다리를 절룩거리는). 예) John had twisted his ankle and was limping (존은 발목을 삐어서 다리를 절룩거렸다)
- Escondiéndose: hide (숨다). 예) You're hiding in the dark (어두운 곳으로 숨다). 어릴적 놀이 중 숨바꼭질이 있다. 영어에도

이런 표현이 있는데 hide-and-seek이다. 예) We used to play hide-and-seek after school (우리는 방과 후에 숨바꼭질을 하곤 했다).

- bombacha: pants (바지).
- mamarracha: rag (결함이 많은). 예) Gets into that filthy rag (누더기 같은 옷을 입어 라).
- importan (importar): import (중요하다)

스페인어로 배우기

- le faltan las dos patitas: 다리 두 개가 부족하다(faltar는 gustar와 같이 일반적으로 사용하는 문장의 주어와 목적어가 바뀌는 형태인 역구조동사다. 여기서는 주어인 '그'가 문법적 목적어가 되고 의미상의 목적어가 문법적 주어가 된다. 따라서 이 문장에서는 'las dos patitas'가 문법적 주어이면서 복수이기 때문에 동사가 3인칭 복수 'faltan'이 된다
- una vez: 한 번
- a paso lento: 느린 걸음으로
- de día: 낮에

- la señora: 아주머니(señora: 일반적으로 호칭으로 사용할 경우에는 관사를 사용하지 않는다)
- llena de ~: ~로 가득차다
- doña: 여성 이름 앞에 붙이는 호칭(약자 D^{a}./ 남성은 don)

한 걸음 더 들어가기

La cucaracha는 흥겨운 노래로 멕시코 민요이다. 구전으로 전해져 내려오기 때문에 특별히 정해진 형식을 따르지는 않고 부르는 사람들에 따라 조금씩 다르게 부른다.

미국의 노동요(field holler)도 이렇게 구전되어 내려왔다. Field holler는 흑인 노예들이 힘든 노동을 이기기 위해 반주 없이 즉흥적인 문구를 고함치듯이 내는 소리로 답답함과 설움을 신께 호소하는 음정이 있는 짧은 노래였다. 흑인 노예들은 힘든 노동을 버텨내고 또 살아남기 위해서, 뭐든지 표현할 수 있는 통로가 필요했고 하늘에라도 대고 울분을 토하기 시작했고, 그것이 곧 '필드 홀러(Field holler)'라는 노예들의 노동요가 되었다. 한 명이 선창을 하면 다른 사람들이 이에 응창하는 'Call and response' 패턴이었으며 남북 전쟁 이

전 미국 남부 지방에 널리 퍼졌다. 이러한 필드 홀러는 미국 백인들의 개신교와 만나서 '가스펠(Gospel)'이 되었다. 이후 산업의 변화로 인한 흑인들의 도시로의 이동으로 넓은 사회와 접촉하면서 '블루스(Blues)'가 되었다. 가스펠은 교회에서 부르는 찬송가와 비슷한 형태의 음악이고, 블루스는 일반적인 Pop에 가까운 음악이다. 블루스는 영국의 극작가 George Coleman의 'Blue Devils'란 단막극에서 블루스란 용어가 나왔다. 영어의 'blue'는 파란색을 의미하지만 '우울함'의 의미도 내포하고 있다. 우울함, 슬픔을 내포하는 블루스는 하모니카와 기타 반주와 함께 당시 흑인 노예들의 힘겨운 삶의 표출이었다. 1940년대 미국은 블루스의 거장들이 블루스 시대를 장식했다.

이러한 블루스와 가스펠 요소가 혼합된 형태인 리듬 앤 블루스(R&B, rhythm and blues)는 1950년대 미국의 전통음악인 컨트리와 블루스에서 파생된 재즈 음악의 한 형식인 부기우기(boogie-woogie)와 함께 로큰롤(rock'n'roll) 음악의 기원이 된다.

영화 노예 12년에 나오는 배경음악 중에서 Filed hollers나 흑인 영가를 접할 수 있는데 여러 곡 중에 'Call and response' 패턴으로 부른 'My Lord Sunshine (Sunrise)'의 가사를 소개하고자 한다.

'My Lord Sunshine (Sunrise)'

When I was young, I saw the sun.

Too hot for me

Too late for me

I live or die

Lay down and cry

Hey boys

I'm tired

My Lord sunrise

I'm strong yes I'm

I'm tall yes I'm

My Lord sunshine

My Lord sunshine

My Lord sunshine

My Lord sunshine

Too hot for me

Field holler , Work song And Blues

스페인어 경칭

* 성 앞에 붙이는 경칭

- señor (Sr.) 세뇨르: 결혼한 남성
- señora (Sra.) 세뇨라: 결혼한 여성
- señorita (Sta.) 세뇨리따: 젊은 여성

* 이름 앞에 붙이는 경칭
- don (D.): 남성
- doña (D^{a}.): 여성

Puerta del Sol (뿌에르따 델 솔)

Quién Será 끼엔 세라 누굴까?

멕시코의 작곡가 루이스 데메뜨리오(Luis Demetrio)가 작곡. 멕시코 가수 뻬드로 인판떼(Pedro Infante)가 부르다가 1954년에 노먼 김벨이 Sway란 이름으로 영어로 번안해서 유명해졌다.

Quién Será

Quién será la que me quiera a mí
끼엔 세라 라 께 메 끼에라 아 미
누구 일거다 날 사랑하다
(날 사랑할 여인은 누구일까?)

Quién será, quién será
끼엔 세라 끼엔 세라
누구 일거다
(누구일까? 누구일까?)

Quién será la que me dé su amor
끼엔 세라 라 께 메 데 수 아모르
누구 일거다 내게 주다 그의 사랑
(내게 사랑을 줄 여인은 누구일까?)

Quién será, quién será
끼엔 세라 끼엔 세라
누구 일거다

(누구일까? 누구일까?)

Yo no sé si la podré encontrar
요 노 세 시 라 뽀드레 엔꼰뜨라르
난 모른다 그녀를 할수있을거다 찾다

(그녀를 만날 수 있을지 모르겠네)

Yo no sé, yo no sé
요 노 세 요 노 세
난 알다

(모르겠다, 모르겠어)

Yo no sé si volveré a querer
요 노 세 시 볼베레 아 께레르
닌 알다 사랑하다

(내가 다시 사랑을 하게 될지 모르겠네)

Yo no sé, yo no sé
요 노 세 요 노 세

(모르겠다, 모르겠어)

He querido volver a vivir
에 께리도 볼베르 아 비비르
원했다 살다

(난 다시 한번 느끼고 싶었어)

La pasión y el calor de otro amor
라 빠시온 이 엘 깔로르 데 오뜨로 아모르
열정 열기 다른 사랑

(또 다른 사랑의 정열과 뜨거움을)

De otro amor que me hiciera sentir
데 오뜨로 아모르 께 메 이씨에라 센띠르
다른 사랑 내게 시키다 느끼다

(사랑의 느낌을)

Que me hiciera feliz como ayer lo fui
께 메 이씨에라 펠리쓰 꼬모 아예르 로 푸이
네게 시키다 행복한 ~처럼 어제

(어제의 사랑처럼 날 행복하게 해줄)

Kalimba Marichal

영어로 배우기

- quién será: guess who?, who will it be (누굴까?). 예) You'll never guess who I met today! (내가 오늘 누굴 봤는지 넌 짐작도 못할 거야).
- amor: love (사랑). 예) Love yourself (너 자신을 사랑하라). 미국의 팝가수 Justin Bieber의 love yourself는 2015년 발매한 4집 앨범, purpose 앨범에 실린 곡이다. 이 곡에서 의미하는 love yourself는 너 자신을 사랑하라는 의미가 아닌 헤어진 여자 친구에게 나를 떠나 너 자신이나 사랑하라는 전혀 반전을 가져다주는 가사이다. 예) You should go and love yourself (떠나서 너 자신이나 사랑해).
- no sé: I don't know (몰라요). 예) I don't know if I'll ever meet her (그녀를 만날 수 있을지 모르겠네).
- pasión: passion (열정). 예) love and passion (사랑과 열정). 꽃말 (floriography) 중에 사랑과 열정을 꽃은 자홍색 라일락이다.
- sentir: feel (느끼다). feeling of love (사랑의 느낌). 요즘 많이 쓰이는 표현 중 '썸 타다'는 영어로 어떻게 표현할까? 썸은 something에서 온 말인데 썸 타다를 영어로 표현한다면 something going on, 또는 there's something between us이다.

- como ayer: like yesterday (어제처럼). 예) When we were seventeen, feels like just yesterday (우리가 열일곱이었을 때, 마치 어제처럼 느껴져)

스페인어로 배우기

- será: ser의 미래시제 3인칭(seré-serás-será)
- dé: 주다 dar의 접속법 현재 1,3인칭변화(dé-dés-dé)
- podré: 할 수 있을 것이다(poder의 미래시제 1인칭 변화로미래 시제는 현재의 추측을 나타낸다 / podré-podrás-podrá)
- sé: 알다(saber 현재 1인칭 /sé-sabes-sabe)
- volveré a querer: 다시 사랑할거다(volver a + 동사원형: 다시 ~ 하다)
- no sé si ~: ~일지 아닐지 모르겠다(cf. no sé que ~: que 이하의 사실을 모른다)

한 걸음 더 들어가기

사랑에 관한 영어표현

- 짝사랑: one sided love
- 보기만 해도 좋은 사람, 완소남(완전 소중한 남자): the apple of my eyes. 예) my boy friend is the apple of my eyes (내 남자친구는 눈에 넣어도 안 아파).
- 첫눈에 반하다: Love at first sight. 예) When I saw my boy friend, it was the love at first sight (내가 내 남자친구를 처음 봤을 때, 첫눈에 반했다).
- 작업 걸다, 꼬시다: hit on someone. 예) Are you hitting on him? (너 걔한테 작업거니?)
- 썸 타다: something going on. 예) There's something going on between us (우리 썸 타는 중이야).
- 사귀다: dating, seeing. going out. 예) I'm dating someone 또는 I'm seeing someone (나 사귀는 사람 있어요), I want to go out with you (너랑 사귀고 싶다)
- 사랑에 빠지다: fall in love with. 예) I can't help falling in love

with you (당신과 사랑에 빠지지 않을 수 없어요) * can't help ~ing: ~하지 않을 수 없어.

사랑에 관한 스페인어표현

- ¡Amor!: 사랑아!('사랑이라는 명사이면서 동시에 사랑하는 사람끼리의 애칭)
- Eres mío/a: 너는 내꺼야(네가 남자면 mío, 여자면 mía)
- ¿Vamos a una cafetería?: 우리 카페 갈까?
- No valgo nada sin ti: 난 네가 없으면 아무것도 아니야
- Eres el/la mejor; 네가 최고야(네가 남자면 el, 여자면 la)
- Si la vida es bella, es(sería) por ti: 인생이 아름답다면 그건 너 때문이야
- Eres mi vida y mi todo: 너는 내 삶이고 나의 전부야
- Nada es tan dulce como tus besos: 네 키스처럼 그렇게 달콤한 건 없어
- Te echo de menos: 네가 그립다(라틴아메리카에서는 Te extraño)

Macarena 마까레나 마까레나

스페인 출신 남성 듀엣 로스 델 리오(Los del Río)가 1992년 히트를 친 후 95년에 미국에서 재발매되어 미국 빌보드 차트에서 무려 16주간 1위를 했던 메가히트곡이다. 이후 오스트레일리아, 프랑스, 독일, 이탈리아, 스페인, 네덜란드, 벨기에, 스위스 등에서 1위를 기록했다. 1996년 당시 이 곡은 전 세계적으로 선풍적으로 인기를 끌었다

Macarena

Dale a tu cuerpo alegría Macarena
달레 아 뚜 꾸에르뽀 알레그리아 마까레나
줘라 네 몸 즐거움

(네 몸에 즐거움을 줘, 마카레나)

Que tu cuerpo es para darle alegría y cosa buena
께 뚜 꾸에르뽀 에스 빠라 다를레 알레그리아 이 꼬사 부에나
네 몸 이다 주다 즐거움 것 좋은

(네 몸은 즐거움과 좋은 것을 받기위해 있는거야)

Dale a tu cuerpo alegría Macarena
달레 아 뚜 꾸에르뽀 알레그리아 마까레나
줘라 네 몸 즐거움

(네 몸에 즐거움을 줘, 마까레나)

Hey Macarena!

(헤이 마까레나)

Macarena tiene un novio que se llama
마까레나 띠에네 운 노비오 께 세 야마
가지다 애인 이름이 ~다

(마카레나는 남친이 한 명 있어)

Que se llama de apellido Vitorino
께 세 야마 데 아뻬이도 비또리노
이름이 ~다 성

(그 친구 성이 비또리노라는데)

Y en la jura de bandera del muchacho
이 엔 라 후라 데 반데라 델 무차초
맹세 깃발 남자

(그 친구가 군대 간 사이)

Se la dio con dos amigos
세 라 디오 꼰 도스 아미고스
줬다 둘 친구

(남친의 두 친구와 놀았데)

Macarena, Macarena, Macarena

(마까레나, 마까레나, 마까레나)

Que te gustan los veranos de Marbella
께 떼 구스딴 로스 베라노스 데 마르베야
좋아하다 여름

(넌 마르베야의 여름을 좋아하구나)

Macarena, Macarena, Macarena

(마까레나, 마까레나, 마까레나)

Que te gusta la movida guerrillera
께 떼 구스따 라 모비다 게리예라
분주한 게릴라

(넌 뜨거운 삶을 좋아하구나)

Macarena sueña con el Corte Inglés
마까레나 수에냐 꼰 엘 꼬르떼 인글레스
꿈꾸다

(마카레나는 백화점가는 꿈을 꾼다)

Y se compra los modelos más modernos
이 세 꼼쁘라 로스 모델로스 마스 모데르노스
사다 모델 가장 모던한

(가서 최신 상품들만 사는구나)

Le gustaría vivir en Nueva York
레 구스따리아 비비르 엔 누에바 요르크
좋아하다 살다 뉴욕

(뉴욕에서 살고 싶어하는구나)

Y ligar un novio nuevo
이 리가르 운 노비오 누에보
꼬시다 애인 새로운

(새 남친도 한명 꼬시고)

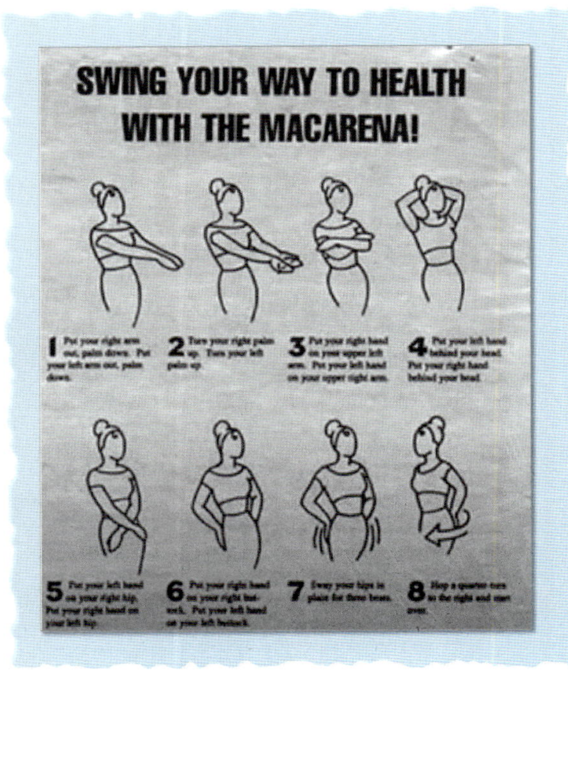

영어로 배우기

- alegría: joy (기쁨). 예) It gives me joy to hear the news (소식을 듣게 되어 무척 기쁘다). 기쁨을 표현하는 몇 가지 표현들을 알아보자.
  1)너 때문에 너무 기뻐, 네가 날 기분 좋게 만들었어: You make my day.
  2) 이보다 더 좋을 수 없어요: It couldn't be better.
  3) 잘 했어요: Good for you.
  4) 끝내줘요: Cool. 또는 It rocked!
  5) 짱이야: You''re really great! 또는 You rock~
- apellido: last name (성). 예) How do you spell your last name? (성 스펠링 어떻게 쓰시나요?)
- bandera del muchacho: a man who joined the army (군 입대한 남자). 여기선 깃발에 맹세한 남자 (Y en la jura de bandera del muchacho)라고 표현한 점이 재미있다.
- movida: busy (바쁜, 분주한 붐비는), 예) I'm busy talking (나 얘기하느라 바빠). 예) I don't like driving on a busy main road (붐비는 주 도로를 운전하는 것을 좋아하지 않아).
- comprar: to buy (~사다).

- modernos: modern, the latest, up-to-date (최신). 예) His hair style is up-to-date (그의 헤어스타일은 최신이다).

스페인어어로 배우기

- Dale a tu cuerpo alegría: 네 몸에 즐거움을 줘라(da: 주다 dar의 2인칭 명령형 + 간접목적격 le)
- se llama~: (이름이) ~다
- apellido: 성(스페인 사람들은 일반적으로 이름이 한 개에 뒤에 아버지 성 어머니 성을 붙여서 자기 이름을 짓는다. 그래서 서류에 이름을 기입하는 칸에 보면 nombre, apellidos 라고 표기되어 있다. 물론 José Antonio처럼 이름이 두 개인 경우도 있다)
- te gustan los veranos: 너는 여름들을 좋아한다(역구조동사 gustar: 우리가 사용하는 문장의 주어와 목적어의 위치가 완전히 바뀌는 동사로 '네'가 목적어가 되고 '여름들'이 주어가 돼서 동사는 3인칭 복수가 된다)
- sueña con ~: ~꿈을 꾸다
- el Corte Inglés: 스페인의 대표적인 백화점

- los modelos más modernos: 신상품(정관사 + más + 형용사 = 최상급)

한 걸음 더 들어가기

세비야(Sevilla) 마까레나(Kiosco de Calentitos Macarena) 성당

1941년 건립된 세비아의 마까레나 성당은 '눈물을 흘리는 성모 마리아상'으로 유명하다. 라 마까레나(La Macarena)는 투우사 수호성인인 성모 마까레나에게 봉헌된 성당이며 유명한 히트곡의 기원이 된다.

희망의 성모라고 불리는 마까레나의 성모 마리아상은 스페인 세비야에 위치한 마까레나 성당(Basílica de la Macarena)의 수호성인인 '축복받은 성모 마리아상'을 가리킨다. 스페인의 전설적인 투우사 중 한 명인 '호세 고메쓰 오르떼가(José Gómez Ortega)'는 투우 경기에 들어가기에 앞서 성당을 찾아 보호 요청 기도를 올리며 에메랄드 반지를 봉헌했으며, 그가 세상을 떠나기까지 봉헌된 반지는 수호성인의 동상과 함께 남아있다. 지금까지도 스페인 시민들의 경배와 숭배를 받는 유명한 조각상으로 부활절 축제 때 운반되는 가장 중요한 조각상이다.

La Bamba 라 밤바 라 밤바

Los Lobos는 스페인어로 '늑대들'이라는 뜻으로 멕시코계 미국인들이 주축이 되어 결성한 밴드다. La Bamba는 멕시코의 결혼식에서 주로 연주되던 민요였는데, Ritchie Valens가 Rock'n Roll 스타일로 편곡해서 1958년에 발표하여 세계적으로 명성을 얻었다.

La Bamba

Para bailar La Bamba
빠라 바일라ㄹ 라 밤바
~를 위해 춤추다
(라 밤바 춤을 추려면)

Para bailar La Bamba
빠라 바일라ㄹ 라 밤바
~를 위해 춤추다
(라 밤바 춤을 추려면)

Se necesita una poca de gracia
세 네쎄시따 우나 뽀까 데 그라씨아
필요하다 조금 흥
(흥만 조금 있으면 돼)

Una poca de gracia
우나 뽀까 데 그라씨아

(흥만 조금)

Para mí, para ti, ay arriba y arriba
빠라 미 빠라 띠 아이 아리바 이 아리바

내게 네게 위로

(나도, 너도, 신나게 신나게)

Ay, arriba y arriba
아이 아리바 아리바

위로

(자 신나게 신나게)

Por ti seré, por ti seré, por ti seré
뽀르 띠 세레 뽀르 띠 세레 뽀르 띠 세레

~일거야

(난 네 것, 네 것, 네 것)

Yo no soy marinero
요 노 소이 마리네로

난 이다 선원

(난 선원이 아니야)

Yo no soy marinero, soy capitán
요 노 소이 마리네로 소이 까삐딴

난 이다 선원 선장

(난 선원이 아니라 선장이야)

Soy capitán, soy capitán
소이 까삐딴 소이 까삐딴
이다 선장

(난 선장이야, 선장)

Bamba, bamba
(밤바 밤바)

Bamba, bamba
(밤바 밤바)

Bamba, bamba, bam
(밤바 밤바 밤)

영어로 배우기

- gracia: funniness, excitement (재미, 흥). All you need is excitement (흥만 있으면 돼).
- funny는 '재미있다' 뜻이 있지만 문맥에 따라 '웃기다' 즉 재미있어서 웃긴 것이 아니라 '이상해'의 의미로도 사용한다. Seeing him act like that, he's really funny (그런 행동을 하는 걸 보니 그 사람 정말 이상해 (웃겨)). 사람의 감정을 나타내는 표현은 사람이 주체가 되면 과거분사를 사용하여 수동으로 표현하고 사물이 주체가 되면 현재분사를 사용하여 능동으로 표현한다. 지루하다 뜻을 가진 'bore'는 사람을 예를 들면 1) I was bored in class (수업시간에 나는 지루했다), The class was boring (그 수업은 지루했다). 2) I was excited about the soccer game (축구경기에 나는 흥분했다), The soccer game was exciting (그 축구경기는 흥분의 도가니였다).
- Por ti seré, seré por ti: I will be there for you (난 널 위한 존재가 될거야). 영어의 be동사는 '~이다', '있다(존재하다)' 문맥에 따라 I will be there for you는 '내가 거기에 있을게요', 다시 말해서 '내가 너를 위해 그곳에 갈게요'로 쓰인다. 미국의 팝 가수, Mariah Carey 노래 중 가사를 보면 Just call my name and I'll

be there (당신이 내 이름을 부르면 내가 거기 있을게요)지만 사실은 '내가 당신이 있는 곳으로 가겠어요'의 의미이다.

- no soy marinero, soy capitán: I'm not a sailor, I'm a captain (나는 선원이 아니라 선장이다). 이럴 때 영어에서 자주 사용하는 표현은 not A, but B (A가 아니라 B다) 구문이다. 이렇게 상호 관련 있는 두 부분을 접속사로 연결해 사용하는 상관접속사는 하나의 단어처럼 기억해두면 좋다. 1) not A, but B. 예) She broke the cup not on purpose, but by accident (그녀는 고의가 아니라 실수로 컵을 깼다). 2) not only A, but also B (A 뿐만 아니라 B도). 예) not only in the way people live, but also in the way we perceive the world (우리가 생활하는 방식뿐만 아니라 세상을 인식하는 방식도). 3) both A and B (A, B 둘다) 예) I want to see both you and your son (나는 당신과 당신 아들 둘 다 만나고 싶어요). 4) either A or B (A 또는 B, 둘 중 하나). 예) you can enjoy either the chicken or the fish (닭이나 생선 요리 중 하나를 선택해서 즐길 수 있다). 5) neither A nor B (A, B 둘 다 아닌). 예) neither the black nor the grey shirt is available to buy (검은색도 회색 셔츠도 살 수 없다).

스페인어로 배우기

- para bailar: 춤추기 위해서는(스페인어에서는 전치사 다음에 명사나 동사의 원형이 오는데, 일반적으로 명사보다는 동사의 원형을 더 좋아한다. 예를 들어 '존재의 이유'는 la razón de la vida, la razón de vivir 두 가지 다 맞는 표현이지만 후자를 더 선호한다.
- la Bamba: 라틴아메리카 음악 장르를 가리키는 말로 스페인어 'bambolear'와 비슷하게 '흔들다'라는 의미다.
- una poca de~: 조금의 ~
- arriba: 위로(abajo: 아래로)
- seré: ~일거야(이다 ser 미래 1인칭 변화/ seré- serás-será)
- Por ti seré: seré por ti(난 널 위한 존재가 될거야)

한 걸음 더 들어가기

Shall we dance? (춤추실래요?)

- shall은 I와 함께 쓰여 제안(offering)을 나타낼 수 있다. ~을 제공해 주다는 offer는 '내가 너(듣는 사람)한테 ~를 해줄까?'이다.

  예) It's very hot here. Shall I open the window?
  (여기 덥네요. 제가 창문 열까요?)

- shall은 We와 함께 쓰여 제안(suggestion)을 나타낼 수 있다. suggestion은 함께 '~를 할까?'의 의미이다.

  예) Shall we take a break? (쉴까요?)

  예) What time shall we make it? (몇시에 만날까요?)

- 제안이나 권유에 대한 대답으로는 보통 let's ~로 표현한다.

  예) Let's make it at 11 am on Friday (금요일 오전 11시로 하자).

- '~하는 것이 어때?' 하고 제안하는 또 다른 표현은 How about~? 이다.

  예) How about meeting at 11 am on Friday?
  (금요일 오전 11시에 만나는 것은 어때?)

- 제안에 대한 수락의 경우 That's a good idea

  That sounds great

  That sounds like a great(good) idea.
- 제안에 대한 거절의 경우 I'm sorry but I can't

  I'd like to but I can't
- 거절의 경우 가급적 제안한 사람이 불쾌하지 않도록 배려하는 것이 중요한데 I'm sorry but~ 이나 I'd like to but과 같이 실망감을 줄여줄 수 있는 표현들을 사용한 후에 거절하는 것이 좋다.

Movie, Shall We Dance

Rosas 로사스 장미

La oreja de Van Gogh

비운의 화가 '반 고흐의 귀'라는 뜻의 독특한 이름을 지닌 라 오레하 데 반 고호(La Oreja de Van Gogh)는 5인조 모던 락 밴드로 1996년 스페인의 산세바스티안에서 결성되었다. Sony music의 제안으로 1998년 첫 공식 앨범 <Dile al Sol> 을 발표하여 주목받기 시작했다. 팝 록을 주로 부르고, 매우 대중적이지만, 그룹의 성향은 인디 밴드이다. 2003년 그들의 3번째 정규앨범 <Lo Que Te Conte Mientras Te Hacias La Dormida>에 수록된 Rosas는 빌보드 차트 상위권에 머물며 사랑받던 곡이다.

Rosas

En un día de estos en que suelo pensar
엔 운 디아 데 에스또스 엔 께 수엘로 뻰사르
하루 이것들 자주하다 생각하다
(내가 자주 생각하면서 지내던 어느 날)

Hoy va a ser el día menos pensado
오이 바 아 세르 엘 디아 메노스 뻰사도
오늘 이다 날 덜 생각한
(오늘이 아마도 가장 특별한 날일거라고)

Nos hemos cruzado, has decidido mirar
노스 에모스 끄루싸도 아스 데씨디도 미라르
교차했다 결심했다 바라보다

(우리는 만났고, 넌 바라보기로 결심했어)

A los ojitos azules que ahora van a tu lado
아 로스 오히또스 아술레스 께 아오라 반 아 뚜 라도
눈 푸른 지금 가다 네 곁

(이젠 네 곁으로 가는 파란 눈을)

Desde el momento en el que te conocí
데스데 엘 모멘또 엔 엘 께 떼 꼬노씨
~부터 순간 널 만났다

(널 만났을 그 순간부터)

Resumiendo con prisas tiempo de silencio
레수미엔도 꼰 쁘리사스 띠엠뽀 데 실렌씨오
요약하면서 급함 시간 침묵

(침묵의 시간을 급하게 요약하면서)

Te juro que a nadie le he vuelto a decir
떼 후로 께 아 나디에 레 에 부엘또 아 데씨르
네게 맹세하다 아무도 말하다

(맹세컨대 어느 누구에게도 말하지 않았어)

Que tenemos el récord del mundo en querernos
께 떼네모스 엘 레꼬르 델 문도 엔 께레르노스
가지다 기록 세계 서로 사랑하다

(우리가 얼마나 빨리 사랑하게 되었는지)

Por eso esperaba con la carita empapada
뽀르 에소 에스뻬라바 꼰 라 까리따 엠빠빠다
기다렸었다 얼굴 젖은

(그래서 난 눈물로 얼굴을 적시며 기다렸었어)

Que llegaras con rosas, con mil rosas para mí
께 예가라스 꼰 로사스 꼰 밀 로사스 빠라 미
도착하다 장미 천

(네가 장미꽃다발을 가져올 것을, 천 송이 장미를 날 위해)

Porque ya sabes que me encantan esas cosas
뽀르께 야 사베스 께 메 엔깐딴 에사스 꼬사스
왜냐면 이미 알다 좋아하다 그런 것들

(너도 알다시피 난 그런 걸 무척 좋아하잖아)

Que no importa si es muy tonto, soy así
께 노 임뽀르따 시 에스 무이 똔또 소이 아시
중요하다 이다 매우 어리석은 이다 그런

(그런게 바보같은 일이라도 상관없어, 그게 난데)

Y aún me parece mentira que se escape mi vida
이 아운 메 빠레세 멘띠라 께 세 에스까뻬 미 비다
더욱이 ~같다 거짓말 도주하다 내 삶

(내 삶을 헛되이 보내는 것이 거짓말 같아)

Imaginando que vuelves a pasarte por aquí
이마히난도 께 부엘베스 아 빠사르떼 뽀르 아끼
상상하면서 지나가다 여기

(네가 날 다시 만나러 여기 오는 것을 상상하면서)

Donde los viernes cada tarde, como siempre
돈데 로스 비에르네스 까다 따르데 꼬모 시엠쁘레
금요일 각각의 오후 ~처럼 항상

(금요일 오후마다 항상)

La esperanza dice "quieta, hoy quizás sí"
라 에스뻬란싸 디세 끼에따 오이 끼싸스 시
희망 말하다 평온한 오늘 아마 응

(희망은 말했어 "기다려봐, 아마 오늘이 그 날일거야.")

Escapando una noche de un bostezo de sol
에스까빤도 우나 노체 데 운 보스떼쏘 데 솔
도주해서 밤 하품 태양

(어느 날 밤 태양의 하품을 피해서)

Me pediste que te diera un beso
메 뻬디스떼 께 떼 디에라 운 베소
내게 요구했다 네게 주다 키스

(넌 내게 키스를 해달라고 했지)

Con los baratos que salen mi amor
꼰 로스 바라또스 께 살렌 미 아모르
싼 나오다 내 사랑

(그렇게 내 사랑은 쉽게 이루어졌지)

Qué te cuesta callarme con uno de esos
께 떼 꾸에스다 까야르메 꼰 우노 데 에소스
얼마나 네게 힘들다 입다물다 하나 그것들

(키스 한 번으로 내 욕망을 채워주는 것이 그렇게 힘들었어?)

Pasaron seis meses y me dijiste adiós
빠사론 세이스 메세스 이 메 디히스떼 아디오스
지나갔다 여섯 달 내게 말했다 안녕

(6개월이 지나고 넌 내게 작별인사를 했어)

"Un placer coincidir en esta vida."
운 뻴라쎄르 꼬인씨디르 엔 에스따 비다
기쁨 일치하다 이 인생

("이 생에서 널 만나서 즐거웠어")

Allí me quedé, en una mano el corazón,
아이 메 께데 엔 우나 마노 엘 꼬라쏜
거기에 있었다 손 마음

(난 거기서 그대로 있었어, 한 손으로는 마음을 진정시키고)

Y en la otra excusas que ni tú entendías
이 엔 라 오뜨라 엑스꾸사스 께 니 뚜 엔뗀디아스
다른 변명 너 이해했다

(다른 한 손으로는 너 자신도 이해하지 못하는 변명들을 받아들였어)

Y es que empiezo a pensar
이 에스 께 엠삐에쏘 아 뻰사르
시작하다 생각하다

(난 이제 생각하기 시작했어)

Que el amor verdadero es tan solo el primero
께 엘 아모르 베르다데로 에스 딴 솔로 엘 쁘리메로
사랑 진정한 단지 첫번째

(진정한 사랑은 바로 첫 번째 사랑뿐인지)

Y es que empiezo a sospechar
이 에스 께 엠삐에쏘 아 소스뻬차르
의심하다

(그래서 난 의심이 들기 시작했어)

Que los demás son solo para olvidar
께 로스 데마스 손 솔로 빠라 올비다르
다른 것들 이다 단지 잊다

(그 이후의 사랑들은 오로지 첫 번째 사랑을 잊기 위한 것인지)

Catedral de Sta Maria la Real de la Almudena (알무데나 성모 대성당)

영어로 배우기

- pensar: think (생각하다). 예) I think about you so often (나는 자주 널 생각해)
- hoy: today (오늘)
- cruzado: cross (교차하다)
- decidido: decide (결정하다) 예) Please choose it, I can't decide (네가 선택해 줘, 내가 결정 못하겠어).
- mirar: look at something (바라보다, 시선을 향하다) 예) I want you to look at me (날 좀 봐줘).
- ojitos (ojos): eys (눈) 예) Her blue eyes stood out against her white skin (그녀의 파란 눈은 흰 피부에 돋보였다).
- Desde: since (~이래로)
- momento: moment (순간) 예) since that moment (그 순간부터)
- conocí: met (만났다) 예) When did we first meet? (우리 언제 처음 만났지?)
- silencio: silence (침묵) keep silence (침묵을 지키다) 예) You must keep silence here (여기서 침묵을 지켜야만 해)
- decir: say (말하다)

- por eso: therefore (그래서) 결과를 설명할 때 사용하는 연결어로 비슷한 표현으로는 as a result가 있다. 비슷한 생각을 덧붙여 말할 때는 similarly, in addition, 다른 생각을 말할 때는 however, but, 예를 들어 설명할 때는 for example, for instance를 사용하여 표현한다.
- llegaras: arrive (도착하다) 도착하다 뜻을 가진 표현들은 arrive in, arrive at, get to가 있다. arrive in 뒤에는 나라, 동네와 같이 넓은 장소가 오지만 arrive at 뒤에는 빌딩이나 행사 같은 좁은 장소가 온다. get to는 뒤에 넓은 장소든 좁은 장소든 구분하지 않고 포괄적으로 다 사용할 수 있다. 예) I arrive in Spain/ I arrive at the school/ I get to Spain. I get to the school.
- pasarte (pasar): pass (지나가다) stop by (들르다), stop over (경유하다). 예) You'll pass a bank on the way to the school (학교로 가는 길에 은행을 지나가게 된다). Let me stop by your home to chat (이야기 나누러 잠깐 들를게). 예) I had a day stopover in your country on the way to Canada (나는 캐나다로 가는 길에 당신 나라에 하루 동안 머물렀다)
- viernes: Friday (금요일)
- tarde: afternoon (오후)
- bostezo: yawn (하품)

- pediste: ask for something (~를 요구하다)
- dijiste adiós: to say goodbye (~에게 작별을 고하다)
- excusas: excuse (변명) 예) Nothing can excuse his actions (그의 행동은 변명의 여지가 없다).
- entendías: understand (이해하다) '이해하다'의 다양한 표현으로는 다른 사람의 관점을 이해하다는 see someone's point이다. 예) Do you see my point? (내 말 이해해?), 배워서 알게 되다의 이해해다는 catch on이다. 예) I finally catch on how to use this tool (나는 마침내 이 도구의 사용법을 이해했다)
- empiezo: start (시작하다) 예) I started to think (생각하기 시작했다).

스페인어로 배우기

- suelo pensar: 자주 생각하다(soler + 동사원형: 자주 ~하다)
- a nadie le he vuelto a decir: 아무에게도 말하지 않았다(le는 a nadie를 목적격으로 다시 받은 것이고/ he vuelto a decir는 volver a decir의 현재완료형으로 '다시 말했다'는 뜻이다)
- por eso: 그래서

- carita: 얼굴(cara의 축소형)
- vuelves a pasarte por aquí: 여기를 다시 들리다(pasar por~: 경유하다, 들리다)
- los viernes: 금요일마다
- como siempre: 언제나처럼, 항상
- pediste: 요구했다(요구하다 pedir의 과거 2인칭 변형/ pedí-pediste-pidió)
- Me pediste que te diera un beso(pedir que + 접속법: 이 문장에서는 pediste시제가 과거라서 종속절에서도 시제일치를 위해서 dar의 접속법과거 diera가 왔다)
- dijiste adiós: 작별인사를 했다(decir adiós: 작별하다/ 말하다 decir의 과거 2인칭/ dije-dijiste-dijo)
- empiezo a pensar: 생각하기 시작하다(empezar a + 동사원형: ~하기 시작하다)

한 걸음 더 들어가기

Manners!

상대방의 부탁이나 도움에 대한 수락엔 "Be my guest"

상대방의 요청, 부탁이나 도움에 정중히 허락을 할 때나 동의할 때 쓰는 표현으로 '그렇게 하세요. 편하게 사용하세요',의 의미가 있는 표현이다. 비슷한 표현으로 'It's all yours', 'Go ahead'를 사용할 수 있다. 예) A: Excuse me. Can I sit here? B: Sure. Be my guest! 비슷하게 어떤 결정에 있어서 결정권을 상대에게 줄 때 '알아서 하세요' 라는 의미로 'You are the boss'라는 표현을 써 보자.

상대에게 먼저 하라고 양보를 할 땐 "After you"

엘리베이터를 타거나 내릴 때, 버스나 지하철을 타거나 내릴 때, 공공장소에서 문을 열고 들어가거나 나갈 때 본의 아니게 다른 사람에게 '먼저타세요', '먼저 내리세요', '먼저 들어가세요'라고 양보를 하는 경우가 있다. 이런 경우 문득 'Ladies first'란 표현이 떠오를 수 있는데 평등사회 속에서 여성이 먼저라는 이 표현은 보다는 'After you (당신 먼저, 먼저하세요)'라는 표현을 사용하자.

'Ladies first'의 말은 영국에서 유래했다. 이 표현의 유래를 두고 여러 가지 설이 있다. 1) 15세기 영국 신사란 외모, 신분 그리고 매너 모든 면에서 완벽한 사람을 지칭했다. 비가 많이 오는 영국은 마차를 타고 가다가 무심코 내리면 흙탕물에 구두며 옷이 다 엉망이 되기가 쉬운 환경이었다. 그래서 마차에서 내리기 전 땅의 상태를 확인해야 했는데 이때 여성이 먼저 내려 땅을 살폈다고 한다. lady first는 여기서 유래되었다는 설이다. 2) 중세 이후 유럽 여러 나라와 영국에서는 귀족들의 재산을 탐내서 음독 살해하는 사건들이 왕왕 있었는데 음식에 독이 들었는지 아닌지를 살피기 위해 여성에게 먼저 식사를 권하는 것에서 lady first 유래되었다고 한다. 3) 나폴레옹이 활약을 하던 시절 군인으로 나가 싸워야 할 남자들을 보호하기 위해 숨은 적군이 있는지 알아보거나 혹은 숨겨진 지뢰가 있는지 알아보기 위해 전쟁에서 여성을 먼저 앞세운 것이 lady first의 유래라는 설이 있다. 마치 우리에게는 기사도 정신의 대표적 단어처럼 여겨져 여성을 우선시하고 먼저 배려하는 것으로 여겨졌던 표현은 그 내면에 반전의 뜻을 가지고 있었다.

누군가 재채기를 했을 땐 "Bless you"

Bless you는 문화이고 대화의 매너이다. 과거 미국 사람들은 재채기를 하는 순간에 몸의 영혼이 떠나간다고 믿었고 그 순간에 몸에 악령이 들어오지 않게 빌어준다는 의미에서 "Bless you!"라고 한다. 누군가 여러분이 재채기했을 때 "Bless you!"라고 한다면 여러분은 "Thank you!"라고 하면 된다.

누군가 재채기나 기침을 할 때 스페인에서는

수업시간에 한 친구가 재채기를 하자 교실에 있던 교수님부터 수업을 중단하고 그 학생에게 한마디 하신다. 물론 주변의 친구들도 마찬가지다. "살룻(Salud)". 그리고 수업은 다시 이어진다. '건강'이라는 뜻의 이 단어는 술자리에서 '건배'라는 뜻으로도 사용한다.

엘리베이터를 탈 때

스페인에서는 아침에 일어나서 잠잘 때까지 사람을 만나는 순간 반드시 올라(¡Hola!)라는 인사를 한다. 스페인 사람들이 태어나서 죽을 때까지 가장 많이 쓰는 단어라고 해도 과언이 아니다. 눈만 마주치면

밝은 미소와 함께 ¡Hola!라고 인사한다. 엘리베이터를 탈 때 안에 사람이 있거나, 아니면 여러분이 타고 있는 엘리베이터에 누군가 들어올 때 하는 말도 바로 ¡Hola!다. 작별인사로는 아디오스(¡Adiós!), 아스따 루에고(¡Hasta luego!), 차오(¡Chao!)가 있으니 이 중에서 마음에 드는 것으로 골라서 내릴 때 꼭 인사를 하세요.

Ven a Cantar 벤 아 깐따르 함께 노래 불러요

페루의 루카(Lucah) 밴드가 부른 크리스마스 비얀시꼬(villancico)

Ven a cantar

Otro año que queda atrás
오뜨로 아뇨 께 께다 아뜨라스
다른 해 남다 뒤에
(한 해가 지나가고)

Mil momentos que recordar
밀 모멘또스 께 레꼬르다르
천 순간들 기억하다
(기억에 남을 수 많은 순간들)

Otro año, mil sueños más
오뜨로 아뇨 밀 수에뇨스 마스
다른 해 천 꿈
(내년에는 수 많은 꿈들이)

Hechos realidad
에초스 레알리닫
실제
(이루어 질거에요)

Los problemas vienen y van
로스 쁘로블레마스 비에넨 이 반
문제들 오다 가다

(많은 문제들이 오고 가지만)

Y al final todo sigue igual
이 알 피날 또도 시게 이구알
끝 모든 계속가다 같은

(결국 모든 것은 다 똑같이 흘러가요)

No hay montaña que pueda más
노 아이 몬따냐스 께 뿌에다 마스
있다 산 할수있다 더

(더 높은 산은 없어요)

Que la voluntad.
께 라 볼룬땃
의지

(내 의지보다)

Alzo mi copa aquí
알쏘 미 꼬빠 아끼
높이다 내 잔 여기

(여기 내 잔을 높이 듭니다)

Para brindar por ti
빠라 브린다르 뽀르 띠
건배하다

(당신을 위해 건배하면서)

Y desearte lo mejor
이 데세아르떼 로 메호르

네게 바라다 최고

(당신의 행복을 위해)

Navidad, feliz Navidad
나비닷 펠리쓰 나비닷

(성탄절, 즐거운 성탄절)

Vuelve a casa, vuelve al hogar
부엘베 아 까사 부엘베 알 오가르
돌아가다 집 돌아오다 가정

(집으로, 따뜻한 가정으로 돌아가세요)

Navidad, dulce Navidad
나비닷 둘쎄 나비닷
성탄절 달콤한 성탄절

(성탄절, 달콤한 성탄절)

Es calor de hogar.
에스 깔로르 데 오가르
이다 따뜻함 가정

(따뜻한 가정으로)

Ven a cantar, ven a cantar
벤 아 깐다르 벤 아 깐따르
와라 노래하다

(노래 불러요, 같이 노래 불러요)

Que ya llegó la Navidad.
께 야 예고 라 나비닷
벌써 도착했다 성탄절

(벌써 성탄절이에요)

Ven a cantar, ven a cantar
벤 아 깐다ㄹ 벤 아 깐따ㄹ
와라 노래하다

(노래 불러요, 같이 노래 불러요)

Que ya está aquí la Navidad
께 야 에스따 아끼 라 나비닷
벌써 이다 여기 성탄절

(여기는 벌써 성탄절이에요)

Gira el mundo, gira el reloj
히라 엘 문도 히라 엘 렐로ㅎ
돌다 세상 시계

(세상은 돌고 시계가 돌아요)

Gira el viento, la mar y el sol
히라 엘 비엔또 라 마ㄹ 이 엘 솔
돌다 바람 바다 태양

(바람, 바다, 태양이 돌아요)

Dale vuelta a tu corazón
달레 부엘따 아 뚜 꼬라쏜
회전 네 마음

(당신의 마음을 돌려서)

Y llénalo de amor
이 예나로 데 아모ㄹ
그걸 채워라 사랑

(사랑으로 가득 채워요)

영어로 배우기

- año: year (해). 예) a year passes (한 해가 지나가고)
- Mil: thousand (천); 영어표현에서 천(1,000)은 'a thousand'이고 많다는 의미의 '수천의'는 'thousands of'이다. 이 노래 속의 'mil'은 'thousands of'가 의미상 더 가깝다.
- Hechos realidad: come true (이루어지다) 예) all dreams come true (모든 꿈이 이루어지다).
- vienen y van: come and go (오가다)
- al final: finally, at last (결국)
- voluntad: will (의지) 주어의 의지는 will을 사용한다. 예) That dog will bite at anyone (그 개는 누구든 물려고 한다).
- Alzo: life (들다)
- copa: cup (컵) 예) I life my cup high (내 잔을 높이 듭니다).
- brindar: to toast (건배하다) '건배하다'의 표현으로 가장 많이 쓰이는 것은 'Cheers!'이지 만 또 다른 표현으로 'Let's make a toast'이다.
- vuelve: return (돌아가다)
- ven: come to (~하러 오다)
- reloj: clock, watch (시계) 영어표현에서는 벽시계는 'clock', 손

목시계는 'watch'로 구분해서 사용하지만 스페인에서는 구분 없이 'reloj'를 사용한다.

- vuelta: turn (회전)

스페인어로 배우기

- hechos realidad: 이루어지다(hecho: hacer의 과거분사/ hacer realidad: 실현하다)
- al final: 결국
- No hay montaña que pueda más/ Que la voluntad: 내 의지보다 더 높은 산은 없다(más que~ 비교급)
- copa: 잔(taza 에스프레소 커피잔, una taza de café 커피 한잔/ vaso 머그잔, un vaso de agua 물 한잔/ copa 술잔 una copa de vino 와인 한잔)
- brindar por ti: 널 위해 건배하다
- feliz Navidad: 즐거운 성탄절
- ven: 와라(오다 venir의 2인칭 긍정명령형/ venir a + 동사원형: ~하러오다)
- dale vuelta a tu corazón: 네 마음을 돌려라(dar vuelta: 회전하다)

한 걸음 더 들어가기

스페인 성탄절

- 복권: '크리스마스 복권(Lotería de Navidad)'은 매년 12월 22일 추첨하는데, '엘 고르도(el Gordo)'라고 불리는 1등의 행운은 한 사람에게만 돌아가는 것이 아니라 그 번호에 해당하는 지역의 많은 주민들에게 나누어진다. 그 이유는 한 지역에서 파는 복권번호가 다 똑같기 때문이다.
- Noche Buena: 스페인어에서 '밤(noche)'이 대문자로 쓰는 경우는 Noche Buena와 Noche Vieja다. '좋은 밤'이라는 뜻의 Noche Buena는 크리스마스 이브이고, '늙은 밤'이라는 뜻의 Noche Vieja는 12월 31일 밤을 뜻한다.
- 만찬: 라틴 민족인 스페인 사람들은 가족(familia)을 매우 중요시해서 가장 큰 명절인 크리스마스가 되면 헤어졌던 가족들이 모여서 맛있는 음식을 해 먹으면서 즐거운 연말을 보낸다. 스페인 사람들은 식사 때 전채(primer plato)-메인(segundo plato)-후식(postre)의 순서를 반드시 지켜서 먹는다. 전채로는 샐러드, 수프, 파스타 등을 먹고, 메인요리에는 고기나 생선들이 나오고 마

지막으로 후식을 먹는다. 물론 와인의 3대 생산국답게 와인을 곁들여 먹는 것이 일반적인 식사 모습이다.

영어의 cup과 glass

스페인어의 'copa'는 영어에서의 'glass'이다. copa는 술잔을 의미하기 때문이다. 영어의 cup은 비교적 따뜻한 음료에 사용한다. 예) a cup of coffee 예) a cup of tea 그러나 차가운 음료에 사용하는 것은 'glass'를 사용한다. 예) a glass of juice.

미국의 큰 커피 전문점으로 세계 여러 나라, 여러 지역에 프랜차이즈(franchise)를 두고 있다. 스타벅스(Starbucks)는 Gordon Bowker, Gerald Baldwin, Zev Siegel 세 명이 1971년 시애틀의 파이크 플레이스(Pike Place Market)에서 커피 원두 로스팅을 하면서, 티와 기타 향신료 등을 판매하는 작은 상점에서 출발하였다고 한다. 허먼 멜빌(Herman Melville)의 작품 모비딕(Moby Dick)에 등장하는 피쿼드호(the Pequod)의 일등항해사 스타벅(Starbuck)에서 스타벅스(Starbucks)를 생각해 냈으며, 16세기 노르웨이의 목판화에 등장하는 사이렌(Siren)이라는 인어의 이미지를 심벌로 선택해 초기 커피 무역상들의 항해 전통과 열정 그리고 로맨스를 연상시키고자 했다. 스타벅스는 전 세계 어디에서나 동일한 커피와 매장 분위기를 즐길 수 있도록 표준화된 메뉴와 맛을 제공하고 있는 것이 특징인데 20세기 중반 이후, 테이크아웃(take out) 문화는 영화 혹은 드라마를 통해 테이크아웃(take-out) 문화를 보여주어 무의식적으로 각인시키면서 커피를 실내에서만 마시는 고정관념을 깼고 미국 경제의 하나의 중요한 아이콘이 되었다. 영화 '악마는 프라다를 입는다(Devil wears Prada)'의 여자 주인공은 항상 한 손에 스타벅스 커피를 들고 있는 모습을 보여준다.

스타벅스 로고는 1971년 그리스 신화에 나오는 세이렌(Siren)을 17세기 판화를 참고로 제작했다고 한다. 세이렌은 아름답고 달콤

1971 1987

1992 2011

스타벅스 로고의 변천

한 노랫소리로 지나가는 배의 선원들을 유혹하여 죽게 하는 것으로 알려졌는데, 이처럼 사람들을 홀려서 스타벅스에 자주 발걸음을 하게 만들겠다는 뜻이라고 한다. 스타벅스의 로고는 세 번 바뀌었는데 1987년 처음 로고를 바꾼 이유는 사이렌의 가슴이 선정적이라는 비난을 많이 받았기 때문이라고 한다.

Palacio Real de Madrid (마드리드 왕궁)

Capítulo 9 ~ 16 **Amor 사랑**

Te Quiero

Canción 9. Bulería 불레리아

Canción 10. Quizás, Quizás, Quizás 글쎄, 글쎄

Canción 11. Bailando 춤을 추며

Canción 12. Despacito 천천히

Canción 13. Eres Tú 넌

Canción 14. Guantanamera 관따나메라

Canción 15. Volaré 난 날거야

Canción 16. Directo Al Corazón 아이스크림 사랑

Bulería 불레리아 불레리아

David Bisbal 김태희가 플라멩꼬 추는 LG싸이언 CF 기억나시나요? 바로 안달루시아출신 유명가수 David Bisbal의 노래입니다. 김태희의 미모의 방점을 찍었다는 그 후덜덜한 CF의 배경음악인데요. 플라멩꼬 풍의 노래를 듣고 있으면, 스페인 안달루시아지방에 와 있는 것 같은 느낌이 들지 않으시나요

Bulería

Bulería, bulería, tan dentro del alma mía
불레리아, 불레리아, 딴 덴뜨로 델 알마 미아
불레리아, 불레리아, 그토록 안에 영혼 내
(불레리아, 불레리아, 내 마음 아주 깊은 곳에)

Es la sangre de la tierra en que nací
에스 라 상그레 데 라 띠에라 엔 께 나씨
이다 피 땅 태어났다
(내가 태어난 땅의 피야)

Bulería, bulería, más te quiero cada día
불레리아, 불레리아, 마스 떼 끼에로 까다 디아
불레리아, 더 널 사랑해 매일 매일
(불레리아, 불레리아, 매일 매일 널 더 사랑해)

De ti vivo enamorado desde que te vi
데 띠 비보 에나모라도 데스데 께 떼 비
살다 사랑에 빠져 ~부터 널 봤다

(널 본 순간부터 난 사랑에 빠졌어)

Ven, como loco por la vida
벤, 꼬모 로꼬 뽀르 라 비다
와 처럼 미친 삶

(내게로 와, 난 꿈에 부풀어 있어)

Con el corazón latiendo
꼰 엘 꼬라쏜 라띠엔도
마음 뛰면서

(내 마음은 뛰고 있어)

Porque sabe que tú estás.
뽀르께 사베 께 뚜 에스따스
왜냐면 알다 넌 있다

(네가 있다는 것을 알기에)

Ay vida, que palpita de alegría
아이 비다 께 빨삐따 데 알레그리아
아! 삶 두근거리다 기쁨

(아! 내 삶은 기쁨에 두근거리고)

Que me embriaga el sentimiento
께 메 엠브리아가 엘 센띠미엔또
날 몽롱하게 하다 감정

(난 점점 더 몽롱해진다)

Con tus besos más y más
꼰 뚜스 베소스 마스 이 마스
네 키스 더
(네 키스에 점점 더)

Ay pieles, el embrujo de la luna,
아이 삐엘레스 엘 엠브루호 데 ㄹ라 루나
피부 매혹 달
(아! 달의 마법에 걸린 살결)

La belleza de una rosa
ㄹ라 베예싸 데 우나 로사
아름다움 장미
(한 송이 장미의 아름다움)

Y la tibieza del mar.
이 ㄹ라 띠비에싸 델 마ㄹ
미지근함 바다
(바다의 온기)

Ay eres, vino dulce de las uvas
아이 에레스 비노 둘쎄 데 ㄹ라스 우바스
이다 와인 달콤한 포도
(아! 넌 달콤한 포도주)

Donde bebo con tus labios
돈데 베보 꼰 뚜스 ㄹ라비오스
마신다 네 입술
(난 네 입술을 마신다)

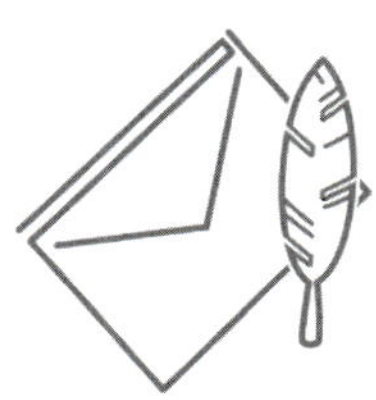

De la fuente para amar
데 ㄹ라 푸엔떼 빠ㄹ라 아마ㄹ
~에서 샘 위하여 사랑하다
(사랑의 샘에서 흘러나오는)

Ganas de vivir aquí a tu lado
가나스 데 비비르 아끼 아 뚜 라도
바램 살다 여기 네 옆

(난 여기 네 곁에서 살고 싶어)

A tu cuerpo encadenado
아 뚜 꾸에르뽀 엔까데나도
네 육체 묶여서

(네 육체에 묶여서)

Hechizado de pasión
에치싸도 데 빠시온
타오르는 열정

(뜨겁게 타오르는)

Ay nada, sin tu amor yo no soy nada
아이 나다 신 뚜 아모르 요 노 소이 나다
아무것도 ~없이 네 사랑 난 이다

(아! 네 사랑 없인 난 아무것도 아니야)

Soy un barco a la deriva
소이 운 바르꼬 아 라 데리바
이다 배 표류

(난 정처없이 떠다니는)

Que naufraga de dolor
께 나우프라가 데 돌로르
난파하다 고통

(처량한 난파선)

El perfume de tu aliento quiero respirar
엘 뻬르푸메 데 뚜 알리엔또 끼에로 레스삐라르
향수 네 숨 원하다 숨쉬다
(향기로운 네 숨결을 들이마시고 싶다)

Y esa magia que hay en tu mirar
이 에사 마히아 께 아이 엔 뚜 미라르
그 마법 있다 ~에 네 바라봄
(마법같은 네 눈길)

Ser el héroe de tus sueños todo y mucho más
세르 엘 에로에 데 뚜스 수에뇨스 또도 이 무초 마스
이다 영웅 네 꿈 모든 많은 더
(네가 꾸는 모든 꿈의 영웅이 되고 싶어)

Quiero ser tu calma y tempestad
끼에로 세르 뚜 깔마 이 뗌뻬스땃
원하다 이다 네 평온 폭풍

(네 평온과 폭풍이 되고 싶어)

Acércate muy lento, déjate sentir
아쎄르까떼 무이 렌또 데하떼 센띠르
가까이 와 아주 천천히 느끼다

(아주 천천히 다가와서 느껴봐)

Enciende ya este fuego que hay dentro de mí
엔씨엔데 야 에스떼 푸에고 께 아이 덴뜨로 데 미
불을 키다 이제 이 불 있다 안에

(이제 내 가슴에 있는 불을 지펴줘)

Ay, ay, ay, no me dejes sin tu amor
아이 아이 아이 노 메 데하스 신 뚜 아모르
아! 날 놔두다 ~없이 네 사랑

(아! 날 사랑해줘)

Sin tus besos soy un pobre corazón
신 뚜스 베소스 소이 운 뽀브레 꼬라손
네 키스 이다 불쌍한 마음

(네 키스 없인 내 삶은 초라해)

Ay, ay, ay, no me dejes sin tu amor
아이 아이 아이 노 메 데하스 신 뚜 아모르
아! 날 놔두다 ~없이 네 사랑

(아! 날 사랑해줘)

A tu lado no hay pesares, no hay dolor
아 뚜 라도 노 아이 뻬사레스 노 아이 돌로르
네 곁 힘듦 고통

(네 곁에서는 힘든 것도 고통도 없어)

Ay, ay, ay, no me dejes sin tu amor
아이 아이 아이 노 메 데하스 신 뚜 아모르
아! 날 놔두다 ~없이 네 사랑

(아! 날 사랑해줘)

Que tu recuerdo siempre va por donde voy
께 뚜 레꾸에르도 시엠쁘레 바 뽀르 돈데 보이
네 기억 항상 가다 가다

(어디를 가더라도 항상 네가 생각나)

Ay virgencita del cielo como la quiero
아이 비르헨씨따 델 씨엘로 꼬모 라 끼에로
성모 마리아 하늘 ~처럼 그녀를 사랑하다

(어디를 가더라도 항상 네가 생각나)

Ella es la luna, ella es la luna, sin ella muero
에야 에스 라 루나 에야 에스 라 루나 신 에야 무에로
그녀 이다 달 ~없이 그녀 죽는다

(그녀는 달, 그녀는 달, 그녀 없이는 살 수 없습니다)

De rodillas yo te lo pido.
데 로디야스 요 떼 로 삐도.
무릎 난 네게 그걸 부탁하다

(이렇게 무릎 꿇고 부탁드립니다.)

Dile que yo la estoy amando
딜레 께 요 라 에스또이 아만도
그녀에게 말해 난 그녀를 사랑하다

(그녀를 사랑한다고 전해주십시오)

Ya no quiero vivir solito
야 노 끼에로 비비르 솔리또
원하다 살다 혼자

(이제 더 이상 혼자이고 싶지 않아요)

Dime hasta cuando
디메 아스따 꾸안도
내게 말해 ~까지 언제

(언제까지 이렇게 살아야 하나요)

Sagrada Familia (성가족 성당)

영어로 배우기

- dentro de ~: in (~ 안에). 예) very deep in my heart (내 마음 아주 깊은 곳에). 전치사 in은 여기에서 흔히 장소를 나타내는 표현으로만 기억하고 있다. 하지만 전치사 in은 장소 이외에 시간을 나타낼 때도 사용한다. 전치사 in은 장소를 나타낼 때와 시간을 나타낼 때 그 의미가 다르기 때문에 반드시 구분해 기억할 필요가 있다. 장소의 in은 '~안에'의 뜻을 가지고, 시간의 in은 '~이후에'의 뜻을 가지고 있다. 예) I'll be there in 10 minutes는 '내가 10분 내로 그곳에 갈 것이다' 즉 '내가 10분 후에 도착할 것이다' 의 의미이다. 하지만 I'll be there within 10 minutes의 '내가 10분 안에 그곳에 갈 것이다'로 전치사 'in'과 'within'은 다소 차이가 있다.
- alma mía: my soul (내 영혼). soul은 mind나 spirit과 함께 비슷한 의미로 사용되기도 한다, 1) soul은 사람의 마음, 감정. 인격을 포함하는 부분으로 죽은 후에도 존재할 것이라고 여겨지는 정신적인 부분이다. 예) There was an uneasy feeling in my soul (내 영혼 안에는 불안한 감정이 있었다). 2) mind는 사람이 인지하고 생각하고 느낄 수 있는 부분을 말한다. 예) All kinds of thoughts shook my mind (온갖 생각이 내 마음을 흔들었다).

3) spirit는 soul과 아주 유사해 보이지만 사람의 존재 자체에서의 영혼은 soul이고 사람의 존재와는 별개로의 영, 또는 정신은 spirit을 사용한다. 예) This work has artist's soul in it (이 작품 속에 작가의 혼이 담겨있다). I want to relax my body and soul (나는 내 육체와 영혼의 쉼을 원한다). 예) Playing sports develops students' cooperative spirit (스포츠 경기는 학생들의 협동 정신을 길러준다).

- más y más: a little bit more, more and more (점점 더). 영어의 비교급은 형용사나 부사에 ~er 또는 3음절 이상의 긴 단어에는 형용사나 부사 앞에 more를 붙여서 사용한다. 두 개의 대상을 비교하여 한쪽의 우월함이나 부족함을 'than'과 함께 사용하여 표현할 수 있다. 예) Done is better than perfect (해보는 것이 완벽한 것보다 낫다). 강조하여 표현하고 싶을 때에는 원급(형용사나 부사의 원래 형태)에서는 very를 사용하지만, 예) very happy. very fast, 비교급을 강조할 때에는 very를 사용하지 않고 much, a lot, even, still, far를 사용한다. 예) more happier, a lot faster. 비교급에서 알아두면 좋은 표현으로는 the more, the more (~하면 할수록 더 ~하다). 예) the more we have, the better we do (우리가 더 많이 가질수록, 더 잘 할 수 있다).
- nada: nothing (아무 것도, 무(無)). 예) Without your love I am

nothing (네 사랑 없인 난 아무것도 아니야).

- barco: boat (배). We are in the same boat (우리는 한배를 탔다: 같은 운명이다)
- deriva: float (표류). 예) a ship floating aimlessly (정처 없이 떠다니는 배)
- naufraga: wrecker (난파선). 예) The shipwreck is sinking at the bottom of the sea (그 난파선은 바다 밑바닥에 가라앉아 있다).
- respirar: breathe (호흡하다). 예) The air was so fresh we could breathe happily (공기가 너무나 신선해서 기쁘게 호흡할 수 있었다).
- pesares(pesar): pain (고통). 예) I'm in pain(나 아파요).
- siempre: always (항상)
- muero: die (죽다) 예) I think I'm gonna die without you. (너 없이 죽을 것 같아)
- pedir de rodillas: beg and plead for (간절히 무릎 꿇고 부탁하다). 무릎 꿇고 부탁하다는 결국 ~에 대해 간절히 부탁하다로 beg and plead for로 표현할 수 있다. 예) You'd make me beg and plead and squirm down on my knees (당신은 내가 무릎을 꿇고 애원하고 구걸하게 만들 것이다).

- estoy amando: 난 사랑하는 중이다(estar + 현재분사 = 현재진행형). 영어에서는 모든 동사가 진행형으로 사용될 수 있는 것은 아니다. 이 노래 가사처럼 '난 사랑하는 중이다'는 영어표현에서는 사용하지 않는다. 왜냐하면 지각, 인지, 소유, 상태 등의 동사는 일반적으로 진행형을 쓰지 않는다. 1) 지각동사에는 look, hear, sound, feel, taste, smell이 있다. 예) I'm tasting the garlic in this soup(X), You can taste the garlic in this soup(O). 2) 인지동사에는 think, suppose, know, understand, recognize, believe, wish가 있다. 예) She is understanding his son(X), She understands his son(O). 3) 감정동사에는 like, love, perfect, hate, satisfy, envy, surprise 등이 있다. 예) I'm loving you so much(X), I love you so much(O). 4) 소유동사에는 belong, have, own, possess가 있다. 예) I'm having a beautiful girl friend(X), I have beautiful girl friend(O). 5) 상태동사에는 be, exist, tend, contain 등이 있다. 예) Women is tending to live longer than men(X), Women tend to live longer than men(O).

스페인어로 배우기

- dentro de ~: ~ 안에
- alma mía: 내 영혼
- nací: 태어났다(태어나다 nacer 과거 동사변화 1인칭)
- cada día: 매일 매일
- De ti vivo enamorado: 너한테 사랑에 빠져 살다
  (=vivo enamorado de ti/ enamorado de~ 사랑에 빠진)
- desde: ~부터(desde que te vi: 널 봤을 때부터/ vi: 보다 ver의 과거 동사변화 1인칭))
- ven: 와(오다 venir 2인칭 명령형)
- más y más: 점점 더
- vino: 와인(vino dulce: 스위트 와인/ vino tinto 레드와인, vino blanco 화이트와인, vino rosado 로제와인)
- ganas de vivir: 살고 싶은 욕망
- a tu lado: 네 곁에서
- nada: 아무 것도, 무(無)
- sin tu amor: 네 사랑 없이는
- a la deriva: 떠도는(un barco a la deriva: 떠도는 배)
- pobre corazón: 불쌍한 마음(스페인어에서 일반적으로 형용사

는 명사 뒤에 오는 것이 원칙이다. 몇몇 형용사들은 명사의 앞뒤 위치에 따라 의미가 달라지는데 pobre가 그 하나의 예다. 예를 들어 'hombre pobre'는 가난한 사람이고 'pobre hombre'는 불쌍한 사람이다.

- De rodillas yo te lo pido: 나는 무릎 꿇고 네게 그것을 부탁한다 (= yo te lo pido de rodillas /pedir de rodillas: 무릎 꿇고 부탁하다)
- dile: 그(녀)에게 말해 (말하다 decir의 2인칭 명령형 di + 간접목적격 3인칭 le)
- estoy amando: 난 사랑하는 중이다(estar + 현재분사 = 현재진행형)

세비야 누에바 광장 (Plaza Nueva)

한 걸음 더 들어가기

SNS에서 사용하는 영어의 약어(abbreviation)

- 스마트폰 사용이 우리 생활에 중요하게 자리 잡으면서 우리에게 더욱 친숙해진 SNS를 이용하다보면 영어 줄임말이 다양하게 사용된다. 널리 사용되는 영어 줄임말을 이해한다면 보다 원활한 소통이 이루어질 수 있을 것이다.

- ASAP: As soon as possible.
- OIC: Oh I see.
- IDC: I don't care.
- OMG: Oh my God.
- ATM: At the moment.
- BTW: By the way.
- GFI: Go for it.
- IDK: I don't know.
- TTYL: Talk to you later.
- 4ever: forever.
- B4: Before.

- Bro: Brother.
- Biz: Business.
- CUZ: Because.
- DL: Down load.
- Fave: Favorite.
- Plz: Please.
- TMI: Too much information

SNS에서 사용하는 스페인어 약어(abreviatura)

- ad+: además (게다가)
- bss: besos (키스)
- bno: bueno (좋아)
- dnd: dónde (어디에?)
- esq: es que (있잖아 그건~)
- hl: hasta luego (또 봐)
- no mms: no me digas (말도 안돼)
- ntp: no te preocupes (걱정하지마)
- m1ml: Mándame un mensaje luego (있다가 내게 톡하나만 보

내줘)

- mña: mañana (내일)
- msj: mensaje (메시지)
- mvl: móvil (휴대폰)
- n: no
- nls: no lo sé (나는 그거 몰라)
- nv: nos vamos (가자)
- xdon: perdón (실례합니다)
- pf: por favor (제발)
- pq: porque (왜냐하면)
- xp: ¿por qué? (왜)
- ps: pues (그래서)
- q: que
- qn: quien
- tmb: también (역시-긍정문)
- tpc: tampoco (역시-부정문)
- tqm: Te quiero mucho (사랑해)

스페인에서 많이 먹는 음식

tapas: 타파스는 스페인에서 식사 전에 술과 곁들여 간단히 먹거나 간식이나 식사 대용으로 간단히 먹는 한입거리 음식을 말한다. 타파스는 '덮다 tapar/ 덮개 tapa'에서 나온 용어로 안달루시아지방에서 기원이 되었다고 하는데, 타파스는 와인 잔에 먼지나 벌레가 들어가는 것을 막기 위해 빵을 잔 위에 얹은 것에서 시작되었다고 한다.

스페인에서 많이 먹는 과일

포도(uva 우바), 오렌지(naranja 나랑하), 감귤(mandarina 만다리나), 자몽(pomelo 뽀멜로), 멜론(melón 멜론), 사과(manzana 만싸나), 배(pera 뻬라), 복숭아(melocotón 멜로꼬똔), 살구(albaricoque 알바리꼬께), 수박(sandía 산디아: 스페인은 지중해식 기후라 건조하고 햇빛이 강하기 때문에 수박 당도가 엄청 높지만 사람들이 수박보다 멜론을 훨씬 더 선호한다. 그 이유는? 수박은 씨앗 때문에 먹기 불편하기 때문이다, 체리(cereza 쎄레싸), 딸기(fresa 프레사), 바나나(plátano 쁠라따노), 무화과(higo 이고), 자두(ciruela 씨루엘라), 레몬(limón 리몬), 감(kaki, caqui 까끼: 감은 원래 스페인 과일이 아니고 스페인에 거주하는 일본인들이 재배를 시작해서 감의 일본식 발음을 그대로 스페인어로 표기해서 사용하고 있다)

Quizás, Quizás, Quizás 글쎄, 글쎄

끼싸스

쿠바 출신작곡가 오스발도 파레스(Osvaldo Farrés, 1903~1985)가 1947년에 작곡한 이 노래는 푸에르토리코 출신의 가수 '바비 카포'가 1947년에 처음 불러 유명해졌고, 이후 미국에서 '냇 킹 콜(Nat King Cole)'이 호소력 짙은 그의 발성으로 미국에서도 엄청난 히트를 기록했다.

Quizás, Quizás, Quizás

Siempre que te pregunto
시엠쁘레 께 떼 쁘레군또
항상 네게 질문하다

(내가 네게 물을 때마다)

Que cuándo, cómo y dónde
께 꾸안도 꼬모 이 돈데
언제 어떻게 어디서

(언제, 어떻게, 어디서라고)

Tú siempre me respondes
뚜 시엠쁘레 메 레스뽄데스
넌 항상 내게 대답하다

(넌 늘 내게 대답해)

뻰산도

Quizás, quizás, quizás.
끼싸스 끼싸스 끼싸스

(글쎄, 글쎄, 글쎄)

Y así pasan los días
이 아시 빠산 로스 디아스
그렇게 지나가다 날들

(그렇게 날들은 지나가고)

Y yo, desesperando
이 요 데세스뻬란도
난 절망하면서

(난 절망감에 빠져들지만)

Y tú, tú contestando
이 뚜 뚜 꼰떼스딴도
넌 대답하면서

Quizás, quizás, quizás.
끼싸스 끼싸스 끼싸스

Estás perdiendo el tiempo
에스따스 뻬르디엔도 엘 띠엠뽀
잃다 시간

(넌 시간만 낭비하고 있어)

Pensando, pensando
뻰산도 뻰산도
생각하면서

(생각만 하면서 생각만 하면서)

Por lo que más tú quieras
뽀르 로 께 마스 뚜 끼에라스
더 원하다
(네가 가장 원하는 것이 뭘까를)

¿Hasta cuándo? ¿Hasta cuándo?
아스따 꾸안도 아스따 꾸안도
~까지
(도대체 언제까지? 언제까지?)

영어로 배우기

- siempre: always (항상).
- siempre que ~: whenever (~할 때마다). 예) Whenever she calls, I'm out, 예) Every single time she calls, I'm out (그녀가 전화할 때마다, 나는 외출 중이었다). 부사와 형용사의 쓰임이 다른 듯 복합관계사도 복합관계부사와 복합관계형용사의 쓰임이 다르다. 관계부사는 시간, 장소, 양보의 문장을 이끌지만 관계형용사는 문장과 문장을 연결하는 역할과 명사를 꾸미는 형용사의 역할을 한다.

복합관계부사

- Whenever: ~할 때는 언제든지(no matter when) 예) whenever I call on him, he is out (내가 그를 방문할 때마다 그는 외출 중이었다)
- Wherever: ~하는 곳은 어디든지(no matter where). 예) wherever you may go, I'll follow you (네가 어를 가든지 나는 따라갈 것이다).

- However: 아무리 ~하더라도(no matter how). 예) It doesn't last long however careful you are.

복합관계형용사

- Whatever + 명사: 예) My dog eats whatever food (내개는 어떤 음식이든 먹는다).
- Whichever + 명사: 예) Whichever music you pick, I'll listen to it (당신이 어떤 음악을 고르든지 나는 들을게요).
- desesperando(desesperar): despair (절망하다). 예) I don't think you should despair (나는 당신이 절망하면 안된다고 생각해).
- perdiendo(perder): lose (놓치다, 잃다). perdiendo el tiempo는 '시간을 낭비하다'로 영어로는 waste time으로 표현할 수 있다.
- Lo que más tú quieras: What you want the most (당신이 가장 원하는 것). 예) What I want the most is you (내가 가장 원하는 것은 당신입니다). 비슷한 표현으로 영화 'Love Actually'의 OST로도 유명한 팝의 제목이 All I want for Christmas is you (내가 크리스마스에 원하는 건 당신뿐이에요).
- ¿Hasta cuándo?: How long the hell (도대체 언제까지). How

long the hell should I wait? (도대체 언제까지 기다려야 해요?).

스페인어로 배우기

- siempre que ~: ~할 때마다(= cada vez que ~)
- cuándo: 언제?
- cómo: 어떻게?
- dónde: 어디서?
- estás perdiendo el tiempo: 넌 시간을 낭비하고 있는 중이다 (estar + 현재분사 = 현재진행형)
- lo que más tú quieras: 네가 가장 원하는 것
- ¿Hasta cuándo?: 언제까지?

한 걸음 더 들어가기

All I want for Christmas is you
(영화 'Love Actually'의 ost)

I don't want a lot for Christmas

(나는 크리스마스 때 많은걸 바라지 않아요)

There is just one thing I need

(나는 그냥 한 가지만 원해요)

And I don't care about presents

(선물도 상관없어요)

Underneath the Christmas tree

(크리스마스 트리밑에 있는)

I don't need to hang my stocking

There upon the fireplace

(난 벽난로의 양말을 걸어 둘 필요가 없어요)

Santa Claus won't make me happy

(산타클로스도 날 즐겁게 해주지 않아요))

With a toy on Christmas day

(성탄절 장난감으로)

I just want you for my own
(난 그냥 당신이 내 것이 되길 바래요)
More than you could ever know
(당신이 생각하는 것보다 많이)
Make my wish come true
(내 소망이 이루어지길)
All I want for Christmas is you...
(크리스마스에 내가 원하는 건 당신뿐이에요)

- All I want for christmas is you의 문장 패턴이 다소 어렵게 느껴질 수 있는데 쉽게 풀어보면 All (I want for christmas) is you. 즉 괄호안의 문장을 빼버리면 All is you (모든 것은 당신이다). 괄호 속 문장은 All을 수식하고 있는 셈이다. 그래서 I want for christmas 즉, '크리스마스에 원하는 All이 당신이다'로 이해하면 된다.
- don't care about: 개의치 않다. 마음에 두지 않다. 예) Don't care about his words (그의 말에 신경 쓰지 마세요)
- make me happy: 나를 행복하게 만들다. 예) He always makes me happy (그는 항상 나를 행복하게 해준다).
- wish: 소망. 바라다 예) Wish me luck (내게 행운을 빌어줘)

- come true: 이루어지다. 예) His dream has finally come true
  (그의 꿈은 결국 이루어졌다)

Sevilla Bar (세비야 거리의 어느 바)

Bailando 바일란도 춤을 추며

엔리께 이글레시아스(Enrique Iglesias)는 '헤이(Hey)'라는 곡으로 우리나라에도 잘 알려진 훌리오 이글레시아스(Julio Iglesias) 아들이며 스페인의 팝음악 싱어송 라이터이면서 미국에서 활동하는 라틴계 가수이다. Bailando는 '춤추다'라는 동사 bilar의 현재분사로 영어로 표현하면 'dancing'이다. 라틴 느낌이 풍기는 어쿠스틱 기타와 드럼과 함께 토속적 퍼쿠션 비트가 흥이 나게 하는 곡이다. 스페인어 버전 이외에도 영어 버전, 브라질어 버전, 포루투갈어 버전 앨범이 발매되었고 서로 다른 버전임에도 'contigo(너랑 함께)' 단어는 그대로 유지하는 특징을 가진다.

Bailando

Yo te miro y se me corta la respiración
요 떼 미로 이 세 메 꼬르따 라 레스삐라씨온
난 널 보다 자르다 호흡

(난 널 보면 숨이 멈춰)

Cuando tú me miras se me sube el corazón
꾸안도 뚜 메 미라스 세 메 수베 엘 꼬라쏜
~때 넌 날 보다 내게 오르다 마음

(네가 날 보면 마음이 붕떠)

(Me palpita lento el corazón)
메 빨삐따 렌또 엘 꼬라손
뛰다 천천히 마음

(내 마음이 슬슬 뛰기 시작해)

Y en un silencio tu mirada dice mil palabras
이 엔 운 실렌씨오 뚜 미라다 디쎄 밀 빨라브라스
침묵 네 시선 말하다 천 낱말들

(침묵 속에서 네 눈빛은 천 가지 말을 하고)

La noche en la que te suplico que no salga el sol
라 노체 엔 라 께 떼 수쁠리고 께 노 살가 엘 솔
밤 네게 애원하다 나가다 태양

(해가 뜨지 말라고 네게 애원하던 그 밤)

Bailando, bailando, bailando, bailando
바일란도 바일란도 바일란도 바일란도

(춤을 추며, 춤을 추며, 춤을 추며, 춤을 추며)

Tu cuerpo y el mío llenando el vacío
꾸 꾸에르뽀 이 엘 미오 예난도 엘 바씨오
네 육체 내 것 채우면서 비어있는

(네 몸과 내 몸은 공간을 채우고)

Subiendo y bajando (subiendo y bajando)
수비엔도 이 바한도 수비엔도 이 바한도
올라가고 내려가며

(올라가고 내려가며)

Bailando, bailando, bailando, bailando
바일란도 바일란도 바일란도 바일란도

(춤을 추며, 춤을 추며, 춤을 추며, 춤을 추며)

Ese fuego por dentro me va enloqueciendo
에세 푸에고 뽀르 덴뜨로 메 바 엔로께씨엔도
그 불 안에 날 미치다

(마음 속 불꽃이 날 미치게 만드네)

Me va saturando
메 바 사뚜란도
가득 채우다

(내 가슴을 부풀어 오르게 하네)

Con tu física y tu química también tu anatomía
꼰 뚜 피시까 이 뚜 끼미까 땀비엔 뚜 아나또미아
네 육체 네 화학 역시 네 해부

(네 육체, 네 케미, 네 나체)

La cerveza y el tequila, y tu boca con la mía
라 쎄르베사 이 엘 떼낄라 이 뚜 보까 꼰 라 미아
맥주 떼낄라 입 내 것

(맥주, 떼낄라 그리고 네 입술과 내 입술)

Ya no puedo más (ya no puedo más)
야 노 뿌에도 마스 야 노 뿌에도 마스
이제 할수있다 더

(이제 더 이상 참지 못하겠어)

Con esta melodía, tu color, tu fantasía
꼰 에스따 멜로디아 뚜 꼴로르 뚜 판따시아
이 멜로디 네 색깔 네 판타지

(이 멜로디, 네 색깔, 네 판타지와)

Con tu filosofía mi cabeza está vacía
꼰 뚜 필로소피아 미 까베싸 에스따 바씨아
네 철학 내 머리 빈

(네 철학이 내 머리를 텅 비게 만들어)

Ya no puedo más (ya no puedo más)
야 노 뿌에도 마스 야 노 뿌에도 마스

(이제 더 이상 참지 못하겠어)

Yo quiero estar contigo
요 끼에로 에스따르 꼰띠고
난 원하다 있다 너랑

(난 너랑 있고 싶어)

Vivir contigo, bailar contigo
비비르 꼰띠고 바일라르 꼰띠고
살다 너랑 춤추다 너랑

(너랑 살고 싶고, 너랑 춤추고 싶어)

Tener contigo una noche loca (una noche loca)
떼네르 꼰띠고 우나 노체 로까 우나 노체 로까
가지다 너랑 밤 미친

(너랑 하룻밤을 미치게 보내고 싶어, 하룻밤을 미치게)

Ay, besar tu boca (y besar tu boca)
아이 베사르 뚜 보까 이 베사르 뚜 보까
키스하다 네 입

(아! 네게 키스하며, 네게 키스하며)

Con tremenda loca
꼰 뜨레멘다 로까
아주 심한 미친
(뜨겁게 미쳐서)

Tú me miras y me llevas a otra dimensión
뚜 메 미라스 이 메 예바스 아 오뜨라 디멘시온
너 날 바라보다 날 데려가다 다른 차원
(넌 날 바라보며 날 다른 세상으로 데리고 가)

(Estoy en otra dimensión)
에스또이 엔 오뜨라 디멘시온
있다 다른 차원
(난 다른 세상에 있어)

Tus latidos aceleran a mi corazón
뚜스 라띠도스 아셀레란 아 미 꼬라쏜
네 고동 가속화하다 내 마음
(네 고동이 내 마음을 빨리 뛰게 해)

Qué ironía del destino no poder tocarte
께 이로니아 델 데스띠노 노 뽀데르 또까르떼
아니러니 운명 할수있다 널 만지다
(이게 무슨 운명의 장난인가, 널 만질 수 없다니)

Abrazarte y sentir la magia de tu olor
아브라싸르떼 이 센띠르 라 마히아 데 뚜 올로르
널 껴앉다 느끼다 마술 향기
(널 껴안을 수 없고, 네 향기의 마술을 느낄 수 없다니)

영어로 배우기

- bailando: dancing (춤추다 bailar의 현재분사) 영어의 분사에는 현재분사와 과거분사가 있다. 현재분사는 동사원형 + ing의 형태를 가지고 있다. 예) dance + ing=dancing 반면 과거 분사는 규칙의 경우 동사 + ed의 형태 혹은 불규칙의 형태를 가지고 있다. + ing와 pp의 형태를 취하다 보니 동사와 관련이 있을 것으로 생각하기 쉽지만 현재분사와 과거분사는 형용사의 역할을 한다. 의미에 있어서 현재분사는 (~하는) 능동의 의미를 가지며, 예) I have a dancing doll (나는 춤추는 인형을 가지고 있다), 과거분사는(~되어진, ~하여진) 수동의 의미를 가지고 있다. 예) I have a broken pen (나는 부러진 펜을 가지고 있다)
- no puedo más: not anymore, no longer (더 이상 할 수 없다). 예) I can't do anymore (더 이상 할 수 없다). 예) I can't no longer work with you (나는 더 이상 당신과 함께 일할 수 없어요).
- quiero estar contigo: I want to be with you (난 너랑 같이 있고 싶다), want to + 동사원형(querer + 동사원형: ~하고 싶다). 영어의 어떤 동사는 to 부정사를 목적어로만 취한다. want to, wish to, hope to, desire to, plan to, decide to, expect to, offer to,

ask to, promise to, agree to, fail to처럼 동사 + to부정사를 하나의 단어처럼 기억하는 것이 편하다. 예) Are you offering to put me full in charge of that? (당신은 저에게 총책임을 하는 자리를 제안하는 거지요?).

- se me va el dolor: go away (사라지다). 예) Pain goes away from me (고통이 내게서 가버린다).
- otra: other, another (다른). other와 another는 의미에 있어서 '다른'으로 같지만 약간의 차이가 있다. another는 an + other로 '다른 하나'의 뜻을 가지기 때문에 another 뒤에는 단수명사가 온다. 예) another book please. 그러나 other는 뒤에 복수 명사가 온다. 예) other books.
- dimensión: dimension (차원). 예) There is another dimension of the world (다른 차원의 세상이 있다).
- aceleran: accelerate (가속화하다). 예) If you don't take care of yourself, aging will accelerate (자신을 돌보지 않으면 노화가 가속화 될거야).
- sentir: feel (느끼다). 예) feel free to ask me anyting (뭐든 저한테 편하게 물어보세요).

스페인어로 배우기

- bailando: 춤추다 bailar의 현재분사
- se me corta la respiración: 내 숨이 멈추다(cortarse la respiración 숨이 멈추다)
- 'se'는 '무의지의 'se'로서 주어의 의지와 상관없이 일어난 행위에 붙는다
- en un silencio: 침묵 속에서
- te suplico que no salga el sol: 태양이 떠오르지 마라고 네게 애원하다(salir el sol: 태양이 떠오르다/ suplico que + 접속법)
- va enloqueciendo: (ir + 현재분사 = 진행형)
- no puedo más: 더 이상 할 수 없다
- quiero estar contigo: 난 너랑 같이 있고 싶다(querer + 동사원형: ~하고 싶다)
- se me va el dolor: el dolor가 주어로서 직역하면 '고통이 내게서 가버린다'(irse 가버리다)

한 걸음 더 들어가기

미국문화:

결혼식에서 아빠와 딸의 댄스 (Father Daughter Dance at Wedding)

미국의 결혼식에서는 식이 끝난 후 피로연 때 아버지와 신부가 춤을 추는 순서가 있다. 아빠와 딸의 댄스(Father Daughter Dance)라고 하는데 아빠와 딸의 특별한 사랑을 표현한 노래에 맞춰 춤을 춘다. 대표적인 곡으로는 Stevie Wonder의 Isn't she lovely, Bob Carlisle의 Butterfly kisses 등이 있다.

미국의 R&B의 거장 Luther Vandross의 Dance With My Father라는 곡을 통해 아빠를 사랑하고 그리워하는 팝을 감상해보자. Dance With My Father는 Luther Vandross가 5세 때 당뇨병으로 세상을 떠난 아빠를 그리워하며 만든 곡이다.

Dance With My Father

Back when I was a child
(옛날에 내가 어렸을 때)
before life removed all the innocence
(모든 순수함을 잃기 전에)
My father would lift me high
(아빠는 나를 높이 들어 올려주고)
And dance with my mother and me
(엄마와 함께 춤을 추셨죠)
And then spin me around till I fell asleep
(그리고 아빠는 내가 잠이 들 때까지 날 안고 흔들어주셨죠)
Then up the stairs he would carry me
(그리고 위층 침대로 데려가 눕혀주셨죠)

And I knew for sure I was loved
(나는 사랑 받고 있다는 것을 알았어요)

If I could get another chance
(만약 내가 다시 기회가 온다면)
Another one, another dance with him
(아버지와 다시 춤을 출 수 있다면)
I'd play a song that would never never end
(나는 결코 끝나지 않을 노래를 부를게요)
How I'd love to dance with my father again
(아빠와 다시 한 번 춤을 출 수 있다면 얼마나 좋을까)

When I and my mother disagreed to get my way
(내가 하고 싶은 걸 하려다가 어머니에게 꾸중을 들으면)
I would run from her to him
(나는 아버지에게 달려가곤 했죠)
He'd make me laugh just to comfort me
(아버지는 위로해주려고 날 웃음 짓게 해주셨어요)
(Yeah yeah)
Then finally make me do

(그리고 결국엔)

Just what my momma said

(어머니가 말씀하신 것을 하게 했죠)

Later that night when I was asleep

(그날 밤 내가 잠에 들었을 때)

He left a dollar under my sheet

(아버지는 이불 밑에 1달러를 넣어주셨어요)

Never dreamed that he would be gone from me

(아버지가 날 떠나리라고는 전혀 꿈꿔본 적이 없어요)

If I could steal one final glance

(마지막으로 아버지를 한 번 더 볼 수 있다면)

One final step

(아버지와 마지막으로 한 번 더 스텝을 밟을 수 있다면)

One final dance with him

(아버지와 마지막으로 한 번 더 춤을 출 수 있다면)

I'd play a song that'd never never end

(난 결코 끝나지 않을 노래를 부를 거에요)

Cos I'd love to dance with my father again

(난 다시 아버지와 춤을 추는 것을 간절히 바라고 있기 때문이에요)

Sometimes I'd listen outside the door

(때때로 나는 문 밖에 소리를 듣곤 했어요)

And I'd hear how my momma cried for him

(아버지 때문에 어머니가 우는 것을 들었죠)

I pray for her even more than me

(난 나보다도 어머니를 위해 기도를 해요)

I pray for her even more than me

(나 보다 어머니를 위해 기도를 해요)

I know I'm praying for much too much

(아주 많은 것을 위해 기도하고 있는 것을 알고 있어요)

But could you send back the only man she loved

(하지만 어머니께서 사랑하는 유일한 남자를 돌려 보내주실 수 있으세요?)

I know you don't do it usually

(당신이 대체로 그렇게 하지 않는다는 것을 난 알아요)

But dear Lord she's dying to dance with my father again

(하지만 주여, 어머니는 몹시도 아버지와 다시 춤을 추기를 원하고 있어요)

Every night I fall asleep and this is all

(매일 밤 잠이 들면 난 이것만)

I ever dream

(꿈을 꾸고 있어요)

- removed: 없어진
- innocence: 순수함
- spin: 돌다, 흔들어주다
- fell asleep: 잠들다
- another: 또 다른, 또 하나
- disagree to: 어떤 의견에 동의하지 않다.
  cf) disagree (agree) with+ 사람 의견,
  disagree (agree) to + 요구, 제안
- comfort: 위로
- If I could steal one final glance: 마지막으로 한번 훔쳐 볼 수 있다면
- glance at: 힐끗 쳐다보다
- pray for: ~를 위해 기도하다. 예) Please pray for my future? (내 미래를 위해 기도해 주세요)
- dying to: 몹시 하고 싶은 예) I'm dying to work here (나는 여기서 몹시 일하고 싶어요)

사랑과 정열의 선율, 플라멩꼬(Flamenco)

플라멩꼬의 기원에 대해서 아직 정설로 정해진 것은 없지만 스페인 남부 안달루시아 음악과 집시들의 음악이 어울러져 만들어졌다는 것이 가장 설득력이 있는 이야기다. 스페인 사람들은 자기들이 가장 자랑하는 플라멩꼬가 집시들의 음악이라는 것에 강하게 반기를 든다. 그렇다면 플라멩꼬의 대가들이 대부분 집시라는 사실은 어떻게 해석해야 할까?

플라멩꼬는 기본적으로 춤(baile), 노래(cante) 기타(guitarra) 이루어진다. 무용수는 바일라도르(baliador 남성)/ 바일라도라(bailadora 여성), 스페인어로 가수는 깐따오르(cantaor 남성)/ 깐따오라(cantaora 여성), 기타리스트는 기따리스따(guitarrista)라고한다. 플라멩꼬는 어둡고 슬픈 감정을 표현하는 플라멩꼬 혼도(Flamenco Jondo)와 밝고 경쾌한 내용의 플라멩꼬 페스떼로(Flamenco Festero)로 나누어진다. 태양과 정열의 나라 스페인에 가신다면 '따블라오'라는 플라멩꼬 공연장에서 멋진 무희들이 뿜어내는 뜨거운 분위기를 맘껏 누려보시길~

Museo del baile Flamenco (플라멩꼬 박물관)

Canción 12

Despacito 데스빠씨또 천천히

푸에르토리코 출신 가수 루이스 폰시(Luis Fonsi)와 래퍼 대디 양키(Daddy Yankee)가 2017년 발표한 레게 음악곡. Despacito는 천천히라는 뜻의 'despacio'에 축소형 -'ito'붙여 나긋나긋한 느낌을 자아내고 있다. 무엇이든 빠른 것을 좋아하는 현대인들에게 서두르지 말고 천천히 여유를 갖고 살자는 메시지를 전달하고 있다.

Despacito

Sí, sabes que ya llevo un rato mirándote
시 사베스 께 야 예보 운 라또 미란도떼
응 알다 이제 잠시 널 바라보다
(내가 좀 전부터 널 바라보고 있다는 것을 넌 분명히 알고 있어)

Tengo que bailar contigo hoy (DY)
뗑고 께 바일라르 꼰띠고 오이
춤추다 너랑 오늘
(난 오늘 너와 춤을 춰야만 돼)

Vi que tu mirada ya estaba llamándome
비 께 뚜 미라다 야 에스따바 야만도메
봤다 네 시선 벌써 날 부르다
(네 시선이 날 부르고 있는 것을 봤어)

Muéstrame el camino que yo voy (Oh)
무에스뜨라메 엘 까미노 께 요 보이
내게 보여줘 길 난 가다

(내가 걸어 갈 길을 보여줘)

Tú, tú eres el imán y yo soy el metal
뚜 뚜 에레스 엘 이만 이 요 소이 엘 메탈
넌 이다 자석 난 이다 금속

(넌, 넌 자석, 난 금속)

Me voy acercando y voy armando el plan
메 보이 아쎄르깐도 이 보이 아르만도 엘 쁠란
다가가다 세우다 계획

(난 가까이 다가가면서, 계획을 세우는 중이야)

Solo con pensarlo se acelera el pulso (Oh yeah)
솔로 꼰 뻰사를로 세 아셀레라 엘 뿔소
단지 그걸 생각하다 빨라지다 맥박

(그걸 생각만 해도 맥박이 빨라져)

Ya, ya me está gustando más de lo normal
야 야 메 에스따 구스딴도 마스 데 로 노르말
이제 난 좋아 더 이상 보통

(이제 난 네가 보통 이상으로 좋아)

Todos mis sentidos van pidiendo más
또도스 미스 센띠도스 반 삐디엔도 마스
모든 내 감각들 요구하다 더

(내 모든 감각은 그 이상을 원하는데)

Esto hay que tomarlo sin ningún apuro
에스또 아이 께 또마를로 신 닌군 아뿌로
이것 그걸 가지다 ~없이 아무런 서두름

(이것은 서두르지 말고 해야돼)

Despacito
데스빠시또

Quiero respirar tu cuello despacito
끼에로 레스삐라르 뚜 꾸에요 데스빠시또
원하다 숨을 내쉬다 네 목

(네 목에 천천히 입김을 불고 싶어)

Deja que te diga cosas al oído
데하 께 떼 디가 꼬사스 알 오이도
놔두다 네게 말하다 일들 귀에

(귓속말로 속삭이고 싶어)

Para que te acuerdes si no estás conmigo
빠라 께 떼 아꾸에르데스 시 노 에스따스 꼰미고
~하도록 기억하다 만일 있다 나랑

(나와 함께 있지 않을 때 내 생각이 나게)

Despacito
데스빠시또

Quiero desnudarte a besos despacito
끼에로 데스누다르떼 아 베소스 데스빠시또
널 벗기다

(키스를 하면서 천천히 널 다 알고 싶어)

Firmar en las paredes de tu laberinto
피르마르 엔 라스 빠레데스 데 뚜 라베린또
서명하다 벽 네 미로

(네 미로의 벽들에 내 이름을 쓰고 싶어)

Y hacer de tu cuerpo todo un manuscrito
이 아쎄르 데 뚜 꾸에르뽀 또도 운 마누스끄리또
만들다 네 몸 모든 원고

(네 온 몸으로 원고를 만들고 싶어)

Sube, sube, sube, sube
수베, 수베, 수베, 수베
올리다

(볼륨을 올려, 올려)

Quiero ver bailar tu pelo
끼에로 베르 바일라르 뚜 뻴로
보다 춤추다 네 머리카락

(네 머리카락이 춤추는 것을 보고 싶어)

Quiero ser tu ritmo
끼에로 세르 뚜 리뜨모
원하다 ~이다 네 리듬

(난 네 리듬이 되고 싶어)

Que le enseñes a mi boca
께 레 엔세녜스 아 미 보까
가르치다 내 입

(내 입에 가르쳐줘)

Tus lugares favoritos (Favorito, favorito baby)
뚜스 루가레스 파보리또스 (파보리또, 파보리또 베이비)
장소들 좋아하는

(네가 좋아하는 곳들을)

Déjame sobrepasar tus zonas de peligro
데하메 소브레빠사르 뚜스 쏘나스 데 뻴리그로
~하게 해줘 넘다 지역 위험

(내가 네 은밀한 곳을 넘게 해줘)

Hasta provocar tus gritos
아스따 쁘로보까르 뚜스 그리또스
~까지 일으키다 네 고함

(네가 소리까지 지를때까지)

Y que olvides tu apellido
이 께 올비데스 뚜 아뻬이도
잊다 네 성

(네 이름조차 잊어버리게 해줄게)

Si te pido un beso ven dámelo
시 떼 삐도 운 베소 벤 다메로
만일 네게 요구하다 키스 와 내게 그걸줘

(네게 키스 해달라고 하면 와서 해줘)

Yo sé que estás pensándolo
요 세 께 에스따스 뻰산도로
난 알다 그걸 생각하다

(네가 그런 생각하고 있다는 거 다 알아)

Llevo tiempo intentándolo
예보 띠엠뽀 인뗀딴도로
가져오다 시간 의도하다

(오랜 시간 그러려고 마음먹었어)

Mami esto es dando y dándolo
마미 에스또 에스 단도 이 단도로
이것 주다

(자기야 이건 주고 받는거야)

Sabes que tu corazón conmigo te hace bom bom
사베스 께 뚜 꼬라쏜 꼰미고 떼 아쎄 봄 봄
알다 네 마음 나랑 널 만들다

(나랑 함께 있으면 네 마음이 붕붕 뜨는 거 알잖아)

Sabes que esa beba está buscando de mí bom bom
사베스 께 에사 베바 에스따 부스깐도 데 미 봄 봄
그 아가 찾다 내게서

(그런 불꽃이 내 몸 안에서 일고 있다는 거 알잖아)

Ven prueba de mi boca para ver cómo te sabe
벤 쁘루에바 데 미 보까 빠라 베르 꼬모 떼 사베
맛보다 내 입 보다 어떻게 네게 맛이 나다

(내 입술에서 어떤 맛이 난지 와서 맛 봐)

Quiero quiero quiero ver cuánto amor a ti te cabe
끼에로 끼에로 끼에로 베르 꾸안또 아모르 아 띠 떼 까베
원하다 알다 얼마만큼 사랑 네게 담다

(네가 날 원하는지 너무나 알고 싶어)

Yo no tengo prisa yo me quiero dar el viaje
요 노 뗑고 쁘리사 요 메 끼에로 다르 엘 비아헤
난 가지다 서두름 원하다

(난 느긋하게 여행하고 싶어)

Empecemos lento, después salvaje
엠뻬쎄모스 렌또 데스뿌에스 살바헤
시작하다 천천히 나중에 야생의

(우리 천천히 시작해서 나중에 신명나게)

Pasito a pasito, suave suavecito
빠시또 아 빠시또 수아베 수아베씨또
한 걸음 부드러운 아주 부드러운

(하나씩 하나씩, 부드럽게 아주 부드럽게)

Nos vamos pegando, poquito a poquito
노스 바모스 뻬간도 뽀끼또 아 뽀끼또
붙이다 조금씩

(우리는 가까워져 조금씩 조금씩)

Cuando tú me besas con esa destreza
꾸안도 뚜 메 베사스 꼰 에사 데스뜨레싸
~할 때 네가 내게 키스하다 그 솜씨

(네가 그렇게 예쁘게 키스해주면)

Veo que eres malicia con delicadeza
베오 께 에레스 말리씨아 꼰 델리까데싸
보다 이다 악녀 섬세함

(넌 멋진 악녀야)

Pasito a pasito, suave suavecito
빠시또 아 빠시또 수아베 수아베씨또
한 걸음 부드러운 아주 부드러운

(하나씩 하나씩, 부드럽게 아주 부드럽게)

Nos vamos pegando, poquito a poquito
노스 바모스 뻬간도 뽀끼또 아 뽀끼또

(우리는 가까워져 조금씩 조금씩)

Y es que esa belleza es un rompecabezas
이 에스 께 에사 베예싸 에스 운 롬뻬까베싸스
그 아름다움 이다 퍼즐

(그 아름다움은 퍼즐이야)

Pero para montarlo aquí tengo la pieza, (oye)
뻬로 빠라 몬따르로 아끼 뗑고 라 삐에싸 오예
그러나 조립하다 여기 가지다 조각

(마지막 퍼즐 조각은 내가 여기 가지고 있어, 오예)

Despacito
데스빠씨또

Vamos a hacerlo en una playa en Puerto Rico
바모스 아 아쎄르 엔 우나 쁠라야 엔 뿌에르또 리꼬
그걸 하다 해변 푸에르토리코

(푸에르토리코 해변에서 사랑을 나누자)

Hasta que las olas griten ¡Ay Bendito!
아스따 께 라스 올라스 그리뗀 아이 벤디또
~까지 파도 소리치다 세상에!

(파도가 세상에나!라고 소리칠 때까지)

Para que mi sello se quede contigo

빠라 께 미 세요 세 께다 꼰띠고

내 우표 남다 너랑

(네 맘속에 내 사랑을 남기기 위해)

Louis Fonsi

영어로 배우기

- llevo un rato mirándote (llevar + 시간 + 현재분사 = 진행형): I've been looking at you for a while (잠시 널 바라보고 있다). 영어의 현재완료시제는 과거에 시작하였던 동작이 현재까지 영향을 주고 있음을 나타내는 시제인데 우리 말에는 없는 시제라서 다소 이해하기가 어려울 때가 있다. 현재완료는 have/has + p.p.로 만든다. 분명한 과거를 나타내는 부사 표현(yesterday, ago, last~)과는 함께 쓰지 않는다. 이 노래에서 표현된 llevo un rato mirándote는 I've been looking at you for a while로 현재완료 진행형을 나타낸다. 즉, 과거에 너를 보기 시작해서 아직도 너를 바라보고 있는 동작의 진행을 나타낸다. 쉬운 예를 들어 설명하면 여러분이 영어공부를 시작한 것이 초등학교 3학년 때부터였고, 지금도 영어를 공부하고 있는 진행을 현재완료진행이라는 하나의 시제로 표현할 수 있다. 예) I have been studying English since the 3rd grade of elementary school (나는 초등학교 3학년 때부터 영어공부를 하고 있다).
- más de: more (~이상), menos de: less (~이하). 예) All my senses want more than that (내 모든 감각은 그 이상을 원하는데). 어떤 양이나 정도의 이상 이하는 more와 less를 사용하고,

일반적으로 숫자 이상은 over, 어떤 기준(평균)이상은 above를 사용한다. 예) It's over $300. 예) It was 5 degree above 0 (기온이 영상 5도였다).

- lo normal: the normal, usual (보통). 예) Now I like you more than usual (이제 난 네가 보통 이상으로 좋아). normal은 '정상적'이라는 의미를 가지고 있지만 여기서 nomal과 usual의 의미는 보통의, 평범한으로 이 노랫말 속 '보통 이상으로 좋다'는 것은 보통 생각하는 기준 이상으로 좋다고 보면 될 것 같다.
- hay que tomarlo: you have to take it (그걸 가져야 한다). have to는 어떠한 선택의 여지없이 '꼭 해야만 하는 것'을 말한다. 흔히 should와 혼돈할 수 있는데 should는 해야만 한다'가 아니라 조언이나 충고의 의미가 강한 '~하면 좋을 것 같다' 정도로 이해하면 좋다. 다음의 두 문장을 비교하여 have to와 should의 의미와 뉘앙스를 비교해보자. 예1) I have to go on a business trip. 예2) I should go on a business trip. 예1) 문장은 선택의 여지없이 출장을 꼭 가야하는 상황이고 예2) 문장은 선택의 여지가 있다.
- sin ningún apuro: without any rush, not in a hurry (절대 서두르지 말고). 예) Don't rush me. I need to take my time (재촉하지 마세요. 시간이 필요해요).
- tengo prisa: I'm in a hurry (서두르다, 바쁘다). 예) I'm in a

hurry this morning (오늘 아침 바쁘네요). '~하느라 바쁘다'의 표현으로 함께 기억하면 좋은 표현은 'be busy ~ing'이다. 예) I've been busy shopping (나는 쇼핑하느라 바쁘다).

- Pasito a pasito: Step by step (한 걸음 한 걸음씩). step by step은 한 걸음 씩, 순차적으로 차근차근의 뜻을 가지고 있다. 예) I'll explain it to you step by step (내가 그것을 차근차근 설명할게요).
- rompecabezas: puzzle (퍼즐). 예) That beauty is a puzzle (그 아름다움은 퍼즐이야).
- playa: beach (해변). 예) having fun on the beach (해변에서 즐거운 시간을 보내다).
- contigo: with you (너와 함께).

스페인어로 배우기

- llevo un rato mirándote: 잠시 널 바라보고 있다(llevar + 시간 + 현재분사 = 진행형)
- estaba llamándome: 날 부르고 있었다(estaba + 현재분사 = 과거진행형)
- me voy acercando: 난 가까이 다가가는 중이다(ir + 현재분사 = 현재진행형/ acercarse 가까이 다가가다)
- me está gustando: 난 좋아한다(está + 현재분사 = 현재진행형/ me gusta + 문법적 주어: 의미상의 주어인 내가(me) 무엇을(문법적 주어) 좋아한다고 해석한다)
- más de: ~ 이상(menos de: 이하)
- lo normal: 보통 것(lo + 형용사= ~ 것)
- hay que tomarlo: 그걸 가져야 한다(hay que + 동사원형 = ~를 해야 한다)
- sin ningún apuro: 절대 서두르지 말고
- para que te acuerdes: 네가 기억할 수 있도록(para que + 접속법/ acordarse de~ = recordar~ 기억하다)
- quiero ver bailar tu pelo: 나는 네 머리가 춤추는 것을 보고싶다(= Quiero ver tu pelo bailar/ 지각동사 ver + 목적어 tu pelo +

동사원형 bailar)

- ven: 와라(venir 2인칭 명령)
- tengo prisa: 바쁘다
- pasito a pasito: 한 걸음 한 걸음씩(paso a paso의 축소형)
- poquito a poquito: 조금씩 조금씩(poco a poco의 축소형)
- vamos a hacerlo: 우리는 그걸 하자(ir + a 동사원형: ~할 것이다)

Sevilla Alcazar (세비야 알까싸르)

한 걸음 더 들어가기

Let's take it easy

Take it easy는 act carefully, gently or slowly로 여러 문맥에 따라 다양한 의미로 사용할 수 있다.

- 서두르지 않고 쉬엄쉬엄 여유를 가지다:

  예) Don't be in a hurry, take it easy! (서두르지 마세요. 쉬엄쉬엄하세요)

  예) I'd like to take it easy this semester. (이번 학기 좀 여유있게 보내고 싶어요)
- 화내지 말고 진정하다:

  예) I know you're angry, but take it easy.

  (네가 화난 것 알아 그러나 진정해)
- 조심하다: 예) The roads are very icy, take it easy

  (길이 많이 미끄러워요. 조심하세요)
- 걱정하지 마세요: 예) Everything will be all right. Take it easy

  (모든 것이 잘 될 것입니다. 걱정하지마세요)

- 수고하세요: 예) I'm off. Take it easy
  (먼저 퇴근합니다. 수고하세요)
- 안녕, 잘 가요: 예) I have to go now. Take it easy
  (지금 가야 해. 안녕)

Eres Tú 에레스 뚜 넌

1973년에 후안 까를로스 깔데론(Juan Carlos Calderón)이 작사, 작곡하고 모쎄다데스(Mocedades)라는 7인의 혼성그룹이 부른 노래다. 1973년 유로비전 송 콘테스트에서 비록 2등을 차지했음에도 불구하고 엄청난 인기를 끌었다.

Eres Tú

Como una promesa, eres tú, eres tú
꼬모 우나 쁘로메사 에레스 뚜 에레스 뚜
~처럼 희망 이다 넌

(넌, 넌 희망을 주는 사람)

Como una mañana de verano
꼬모 우나 마냐나 데 베라노
~처럼 아침 여름

(넌 여름날의 아침 같아)

Como una sonrisa, eres tú, eres tú
꼬모 우나 손리사 에레스 뚜 에레스 뚜
~처럼 미소 이다 넌

(넌, 넌 미소 같아)

Así, así, eres tú
아시 아시 에레스 뚜
그래 이다 넌

(그래 넌 그래)

Toda mi esperanza, eres tú, eres tú
또다 미 에스뻬란싸 에레스 뚜 에레스 뚜
모든 내 희망 이다 넌

(넌, 넌 내 모든 희망이야)

Como lluvia fresca en mis manos
꼬모 유비아 프레스까 엔 미스 마노스
~처럼 비 상쾌한 내 손

(내 손에 떨어지는 상쾌한 빗방울 같아)

Como fuerte brisa, eres tú, eres tú
꼬모 푸에르떼 브리사 에레스 뚜 에레스 뚜
강한 산들바람 이다 넌

(넌, 넌 시원한 산들바람 같아)

Así, así, eres tú
아시 아시 에레스 뚜
그래 이다 넌

(그래 넌 그래)

Eres tú como el agua de mi fuente (algo así eres tú)
에레스 뚜 꼬모 엘 아구아 데 미 푸엔떼 (알고 아시 에레스 뚜)
이다 넌 물 내 샘 뭔가 그래 이다 넌

(넌 내 샘의 물같아, 넌 그런 사람이야))

Eres tú el fuego de mi hogar
에레스 뚜 엘 푸에고 데 미 오가르
이다 넌 불 내 화로

(넌 내 화로의 불같아)

Eres tú como el fuego de mi hoguera
에레스 뚜 꼬모 엘 푸에고 데 미 오게라
이다 넌 불 내 화롯불

(넌 내 화롯불의 불같아)

Eres tú el trigo de mi pan
에레스 뚜 엘 뜨리고 데 미 빤
이다 넌 밀 내 빵

(넌 내 빵의 밀이야)

Como mi poema, eres tú, eres tú
꼬모 미 뽀에마 에레스 뚜 에레스 뚜
~처럼 내 시 이다 넌

(넌, 넌 내 시 같아)

Como una guitarra en la noche
꼬모 우나 기따라 엔 라 노체
~처럼 기타 밤

(밤 중에 울려퍼지는 기타같아)

Todo mi horizonte eres tú, eres tú
또도 미 오리손떼 에레스 뚜 에레스 뚜
모든 내 지평선 이다 넌

(넌, 넌 내 모든 지평선)

Así, así, eres tú
아시 아시 에레스 뚜
그래 이다 넌

(그래 넌 그래)

영어로 배우기

- en la noche: at night (밤에). 영어표현에서 in the morning (아침에), In the afternoon (낮에), In the evening (저녁에) 모두 'in the ~'를 사용하여 표현하지만, 밤에는 'at night'으로 표현한다.
- promesa: promise (약속). Como una promesa의 promesa는 약속의 의미보다는 '희망'의 의미로 이해하면 좋을 것 같다. 예) you are the one who gives me hope (너는 나에게 희망을 주는 사람이다).
- Así, así, eres tú: So, so, it's you (그래, 그래 그게 바로 너야). be동사를 활용하여 현재의 나와 과거의 나를 표현할 수 있다. I am not what I used to be (나는 과거의 내가 아니다). That's who I am (그것이 나야).
- el trigo de mi pan: the wheat of my bread (내 빵의 밀). 우리말의 '앙꼬없는 찐빵'과 같은 표현으로 아주 중요한 것이 빠진 무언가를 의미한다. 굳이 영어표현으로 직역하자면 'Eviscerated steamed bun'이다.
- Como mi poema: you are like my poem (너는 내 시와 같아). Gustavo Adolfo Bécquer(1836~1870)의 작품에서 '시가 뭐

야?... 시는 너야'란 표현이 나온다. 어쩌면 우리 한 사람 한 사람은 다 시일지도 모른다는 생각과 함께 이 곡에서도 시와 너를 일치시키고 있는 듯하다.

- guitarra: guitar (기타)
- horizonte: horizon (지평선). 예) the sun has set below the horizon (해가 지평선 아래로 졌다).

스페인어로 배우기

- una mañana: 아침(cf. mañana는 부사로 아침이라는 뜻이다/ mañana por la mañana: 내일 아침)
- verano: 여름(cuatro estaciones 사계절: primavera 봄/ verano 여름/ otoño 가을/ invierno 겨울)
- el agua: agua는 원래 여성명사라서 la agua가 되어야 하지만 [라아구아] 발음의 불편함을 피하기 위해 남성 정관사 'el'을 빌려 온 것이다. 그렇다고 해서 남성명사가 되는 것은 아니다. 예를 들어 '깨끗환 물'은 el agua limpia(O), el agua limpio(X)
- en la noche: 밤에(중남미에서는 en la noche를, 스페인에서는 por la noche를 많이 사용한다/ 시간과 함께 오는 표현에서는 de

la noche를 사용한다. 예를 들어 '나는 밤 9시에 저녁을 먹는다'는 Ceno a las nueve de la noche이다)

한 걸음 더 들어가기

사랑으로 살다 사랑으로 죽은 사랑의 시인

구스따보 아돌포 벡께르(Gustavo Adolfo Bécquer, 1836 ~ 1870)

¿Qué es poesía?, dices mientras clavas
께 에스 뽀에시아 디쎄스 미엔뜨라스 끌라바스
무엇 시 말하다 하는 동안 못으로고정하다

(시가 뭐죠? 너는 고정시키며 말한다)

en mi pupila tu pupila azul.
엔 미 뿌삘라 뚜 뿌삘라 아쑬
내 눈동자 네 눈동자 파란

(나의 눈동자에 너의 파란 눈동자를)

¿Qué es poesía? ¿Y tú me lo preguntas?
께 에스 뽀에시아 이 뚜 메 로 쁘레균따스

넌 네게 그걸 물어보다

(시가 뭐냐고? 아니 그걸 나한테 물어보는거야?)

Poesía··· eres tú.
뽀에시아 에레스 뚜

시 이다 너

(시란... 바로 너잖아)

Plaza de España, Sevilla (스페인 광장)

Guantanamera 관따나메라

쿠바 남동부에 'Guantanamo(관따나모)'라는 도시가 있고, 관따나모만은 미국-스페인 전쟁의 결과 1903년 이래 미국의 해군기지가 되었다. 이 때문에 현재 관따나모 기지는 쿠바령이면서 미국이 주권을 행사하고 있는 곳이다. 노래 제목인 'Guantanamera(관따나메라)'는 '관따나모에서 온 여자'라는 뜻이다. 이 곡은 1928년 호세 페르난데쓰 디아쓰(José Fernández Díaz)가 작곡했으며, 가사는 쿠바 독립운동을 이끈 시인이자 혁명가로 지금도 많은 쿠바인의 존경을 받는 호세 마르띠(José Martí)의 시에서 따왔다.

Guantanamera

Guantanamera, guajira guantanamera
관따나메라 과히라 관따나메라
관따나모의 여인 시골여자
(관따나모의 여인이여, 관따나모의 시골 여인이여)

Guantanamera, guajira guantanamera
관따나메라 과히라 관따나메라

Yo soy un hombre sincero
요 소이 운 옴브레 신쎄로
난 이다 남자 성실한

(난 성실한 남자)

De donde crece la palma
데 돈데 크레쎄 라 빨마
자라다 야자수

(야자수가 자라는 곳에서 태어난)

Y antes de morir yo quiero
이 안떼스 데 모리르 요 끼에로
~전에 죽다 난 원하다

(죽기 전에 난 원해)

Echar mis versos del alma
에차르 미스 베르소스 델 알마
던지다 내 시 영혼

(영혼의 시를 바치다)

Guantanamera, guajira guantanamera
관따나메라 과히라 관따나메라

Guantanamera, guajira guantanamera
관따나메라 과히라 관따나메라

Mi verso es de un verde claro
미 베르소 에스 데 운 베르데 끌라로
내 시 이다 초록 밝은

(내 시는 연두빛이지만)

Y de un carmín encendido
이 데 운 까르민 엔센디도
카민 타오르는

(진홍색깔도 들어있소)

Mi verso es un ciervo herido
미 베르소 에스 운 씨에르보 에리도
내 시 이다 사슴 상처입은

(내 시는 상처입은 사슴이오)

Que busca en el monte amparo
께 부스까 엔 엘 몬떼 암빠로
찾다 산 보호

(산에서 몸을 숨길 곳을 찾는)

Guantanamera, guajira guantanamera
관따나메라 과히라 관따나메라

Guantanamera, guajira guantanamera
관따나메라 과히라 관따나메라

Con los pobres de la tierra
꼰 로스 뽀브레스 데 라 띠에라
~함께 가난한 땅

(이 땅의 불행한 자들과 함께)

Quiero yo mi suerte echar
끼에로 요 미 수에르떼 에차르
원하다 난 내 행운 던지다

(내 행운을 나누고 싶소)

El arroyo de la sierra
엘 아로요 데 라 시에라
개울 산

(이 산의 개울이)

Me complace más que el mar
메 꼼쁠라쎄 마스 께 엘 마르
내게 기쁨을주다 더 바다

(바다보다 더 큰 기쁨을 내게 주오)

영어로 배우기

- un hombre sincero: faithful man. sincere man (성실한 남자). 예) All five workers are fathful men (5명의 근로자 모두 성실한 남자들이다).
- un ciervo herido: a wounded deer (상처 입은 사슴). 영어의 과거분사는 동사 뒤에 ed를 넣어 만들거나 불규칙으로 변화하는 것들이 있다. 수동의 의미를 나타내며 형용사 역할을 하여 명사를 수식하거나 문장에서 보어 역할을 한다. 예) I have a broken bottle (나는 깨진 병을 가지고 있다): 명사 bottle을 수식 예) The bottle is broken (그 병은 깨졌다): broken이 문장에서 보어 역할을 한다.
- los pobres: poor people (가난한 자들). 'The + 형용사'는 복수 보통명사의 의미를 나타내기 때문에 '가난한 사람들'은 the poor 라고 표현할 수 있다. 따라서 rich people (부유한 사람들)도 the rich로 표현할 수 있다.
- Quiero yo mi suerte echar: I want to share my luck with the unfortunate (내 행운을 나누고 싶다). 영어의 '나누다'는 표현에는 몇 가지가 있다. 1) share는 음식이나 감정을 나누다, 물건이나 장소를 공유하다. 예) We share a sandwich (우리는 샌드

위치 하나를 나누어 먹었다). 예) We share an apartment with two other people (나는 두 명의 다른 사람과 아파트를 공유해서 같이 산다). 2) split은 작은 부분으로 나누다, 관계를 청산하고 헤어지다. 예) Let's split into two groups (두 그룹으로 나누자). 예) The man split with his wife (그 남자는 아내와 헤어졌다). 3) divide는 하나를 여러 개로 나누어 쪼개다. 예) She divided the pizza into six (그녀는 피자를 여섯 조각으로 나누었다). 4) separate은 원래 개별적인 것들을 갈라놓거나 분리시키다. 예) He separated boys so that they wouldn't fight (그는 싸우지 못하게 소년들을 분리시켰다).

- arroyo: stream (개울).
- complace: deligh (기쁨을 주다). 예) This piano is a delight to play (이 피아노는 연주하는 기쁨을 준다).

스페인어로 배우기

- antes de~: ~전에(hace도 우리말로는 같은 뜻인데 의미가 다르다. 예를 들어 hace tres días는 3일 전이라는 뜻으로 지금이 기준이 되며, antes de는 어떤 행위를 기준으로 그 전이라는 뜻인데

예를 들어 tres días antes de empezar la clase는 '수업 시작하기 3일 전이라는 뜻이다).

- verde claro: 연두색
- un ciervo herido: 다친 사슴(herido는 상처를 입히다 herir의 과거분사로 형용사 역할을 한다)
- los pobres: 가난한 자들(los ricos: 부자들)
- más que~: ~보다 더(비교급)

한 걸음 더 들어가기

- 관타나모 수용소에 관한 라틴팝과 함께 수용소 관련 영어 표현들을 알아보기로 하자. 수용소를 영어로 표현하면 'camp'이다. 이와 관련된 영어표현에는 1) prison camp (포로수용소) 2) reclusion (격리수용소) 3) refugee camp (난민수용소) 4) concentration camp (강제수용소) 5) detention centre (밀입국자 수용소)가 있다.
- 여기서 잠깐 '정관사 the'에 관해 생각해 볼 필요가 있는데 '감옥에 옥살이하러 가다'는 'go to jail'이고 감옥에 누구를 면회가다처럼 옥살이와 같이 본래 목적이 아닌 다른 일 때문에 가는 경우

에는 정관사 the가 필요하다. 예) go to the jail. 또 다른 예를 들어보면 학생이 학교에 가는 것은 본래의 목적이므로 1) I go to school이지만 학생이 아니고 다른 목적으로 학교에 일을 보러가는 경우에는 학교라는 건물에 가는 것이기 때문에 2) I go to the school이다.

Volaré 볼라레 난 날거야

이 곡은 원래 <Nel blu, dipinto di blu>란 이탈리아 깐소네로 이탈리아 가수이자 작곡가 인 Domenico Modugno가 작곡해서 직접 불렀다. 이 곡은 루티아노 파파로치 등 많은 이탈리아 성악가들도 불렀습니다. 그리고 여러 언어로 번안 및 리메이크되어 불려졌는데. 바로 그 곡의 스페인어 버전인 <Volare>다. 이 번안곡은 Gipsy Kings이란 프랑스 그룹이 불렀다. 그런데 프랑스 그룹이 스페인어로 노래를 부른 이유는 집시 킹 구성원은 프랑스에서 태어났지만 부모는 1930년대 스페인 내전 동안 카탈루냐에서 도망친 스페인 집시였기 때문이다.

Volaré

Pienso que un sueño parecido no volverá más
뻬엔소 께 운 수에뇨 빠레씨도 노 볼베라 마스
생각하다 꿈 비슷한 돌아올거다 더
(다시는 이런 꿈을 못 꿀 것 같아)

Y me pintaba las manos y la cara de azul
이 메 삔따바 라스 마노스 이 라 까라 데 아쑬
날 칠했다 손 얼굴 파란
(내 손과 얼굴을 파란색으로 칠했어)

Y de improviso el viento rápido me llevó
이 데 임쁘로비소 엘 비엔또 라삐도 메 예보
갑작스런 바람 빠른 날 데려갔다

(갑자기 거센 바람이 날 감싸더니)

Y me hizo volar en el cielo infinito
이 메 이소 볼라르 엔 엘 씨엘로 인피티또
내게 시켰다 날다 하늘 무한한

(저 높은 하늘로 날려보냈어)

Volaré, oh, oh
볼라레 오 오
날거야

(난 날거야)

Cantaré, oh, oh, oh, oh
깐따레 오 오 오 오
노래할거야

(난 노래할 거야)

Nel blu dipinto di blu
넬 블루 디삔또 디 블루
파란 칠한

(파랗게 칠한 창공에서)

Felice di stare lassù
펠리체 디 스따레 라수
행복한 있다 저위에

(행복하게)

Y volando, volando feliz
이 볼란도 볼란도 펠리쓰
날면서 행복한
(행복하게 날아 오르면서)

Yo me encuentro más alto, más alto que el sol
이 메 엔꾸엔뜨로 마스 알또 마스 알또 께 엘 솔
있다 더 높은 태양
(난 태양보다 더 높은 곳에 있네)

Y mientras el mundo se aleja despacio de mí
이 미엔뜨라스 엘 문도 세 알레하 데스빠씨오 데 미
하는 동안 세상 멀어지다 천천히 나에게서
(세상이 조금씩 내게서 멀어지는 동안)

Una música dulce se ha tocado solo para mí
우나 무시까 둘세 세 아 또까도 솔로 빠라 미
음악 달콤한 연주하다 단지 위해 날
(달콤한 음악이 나만을 위해 울려퍼지네)

영어로 배우기

- Pienso: think (생각하다)
- parecido: similar (비슷한). similar to는 ~와 비슷한을 표현할 때 사용한다.

  예) Cindy's teaching style is not similar to that of most other teachers. (신디의 교수 방식은 다른 대부분 선생님 들의 교수 방식과 유사하지 않다)
- pintaba (pintar): paint (색칠하다, 그림을 그리다). 문맥에 따라서 다른 의미로도 사용될 수 있음을 기억하자. 예를 들어 Let me paint you a picture는 '내가 당신의 그림에 색칠해 줄게요'란 의미가 아니고 '내가 간단하게 설명해 줄게요'란 의미가 있다.
- cara: face (얼굴). 얼굴 이외에 체면의 의미로도 많이 쓰인다.

  예) He needs to save face (나는 체면을 세울 필요가 있다)
- improviso: sudden (갑작스러운). all of a sudden (뜬금없이).

  예) I feel lonely all of a sudden (문득 외로움이 느껴졌다).
- viento: wind (바람). 철자는 같은 발음에 따라 의미가 달라지는 단어들이 있다. 예) wind [wɪnd]: 바람 그러나 wind [waɪnd]: (실 등을)감다.
- volar: fly (날다). '전혀 불가능한 일이다'의 표현으로 'when pigs

fly'가 있는데 이 표현은 전혀 일어날 일이 없다는 것을 의미한다. 우리말로 '내 손에 장을 지진다' 정도의 뉘앙스이다. 예) I think he'll never pay back your money, when pigs fly perhaps. (걔는 절대 너한테 돈 안 갚어. 내 손에 장을 지진다)

- infinito: infinite, endless (무한한). 영화 제목이나 영화 대사 속에서 심심치 않게 많이 쓰이는 단어 중 하나가 'Endless'이다. 1) Endless love (끝없는 사랑). 2) 영화 라이온 킹의 ost 중 But the sun rolling high through the sapphire sky keeps great and small on the endless round (하지만 사파이어 같은 하늘을 통해 높이 오르는 태양은 끝없는 둥근 지구의 크고 작은 것들을 지키네)
- Cantaré (cantar): sing (노래하다)
- Felice: happy (행복한)
- encuentro: meet (만나다)
- sol: sun (태양)
- mundo: world (세상)
- dulce: sweet (달콤한, 달달한, 단것). 예) I feel like eating some sweets (난 단것 좋아 해요). 재미있는 표현으로 I have a sweet tooth가 있는데 이 표현 역시 '난 단것 좋아 해요'의 의미이다.

스페인어로 배우기

- me pintaba las manos: 내 손을 칠하다(스페인어 초보자들이 흔히 하는 실수로 '내 손을 칠하다'를 Pinto mis manos로 표현한다. 그러나 신체부위는 소유형용사로 받는 것이 아니라 대상을 목적어로 받고 신체부위는 정관사를 사용해서 표현해야 한다. 예를 들어 '나는 손톱 메니큐어 칠한다'는 'Pinto mis uñas'(X), Me pinto las uñas'(O).
- de improviso: 갑자기
- cantaré: 노래할거다(노래하다 cantar의 미래 1인칭/ 스페인에서는 노래하는 가수를 지칭하는 단어가 3개 있다. cantante 일반대중가수, cantaor 플라멩코 가수, cantautor 싱어송라이터)
- más alto que el sol: 태양보다 더 높은(más 형용사 + que = 비교급)
- se aleja despacio de mí: 내게서 천천히 멀어지다(alejarse de~)
- Una música dulce se ha tocado: 달콤한 음악이 연주되었다(스페인어에서는 악기를 연주하다는 tocar동사를 사용한다. 예를 들어 '나는 피아노를 친다'는 Toco el piano이다. 그리고 운동경기를 하다는 jugar동사를 쓴다. '나는 축구를 한다'는 Juego al fútbol이다

한 걸음 더 들어가기

동물이 들어간 재미있는 영어표현

- when pigs fly: It's impossible. 절대 일어나지 않아. 해가 서쪽에서 뜬다의 의미를 가진다. 예)
- the cats meow: 근사한 것을 나타내는 표현이다. 예) That dress is the cat's meow (저 드레스 근사하다).
- eager-beaver: workaholic (일 중독자). beaver는 하루 종일 집 짓기로 분주한 동물로 표현되는데 앞에 eager (열정적인)를 넣어서 일 중독자를 나타내는 단어이다. 예) Cindy works 12-hour days; she is a real eager beaver (신디는 하루에 12시간이나 일을 해. 정말 일벌레 같네).

- Hold your horses : calm down, slow down, hold on, hang on (침착해). 말을 타고 가면 성급해지니까 말이 빨리 달리지 못하도록 고삐를 잡고 천천히 침착하라는 의미이다. 예) Hold your horses! You should ask everyone else first! (진정해! 먼저 다른 사람들에게 물어보는 것이 좋겠어).
- Like a fish out of water: uncomfortable, awkward (불편하고 어색해) 물고기가 물을 떠나 살 수 없는 것처럼 새로운 장소나 환경이 불편하고 어색함을 표현하는 말이다. 예) I felt like a fish out of water at that meeting (회의에서 나는 엄청 불편하고 어색했어)
- I have ants in my pants: uneasy, anxious (불안하다), fidget (안절부절 못하다). 바지 속에 개미가 들어가면 안절부절 못할 것이다. 예) I pushed myself to work hard, but I had ants in my pants (열심히 일하려고 노력했지만 불안하다).
- As proud as peacock: bossy (잔뜩 뽐을 내는). 동물원에 가면 깃털을 활짝 펼쳐서 아름다운 자태를 뽐내고 있는 공작에서 나온 표현이다. 예) My new boss was proud as a peacock (새로 온 상사는 거만했다).
- All bark and no bite: big mouth (입만 살았다) 겉으로는 강하게 보이지만 사실은 그렇지 않다는 의미도 있다. 예) I can't trust

him because he is a big mouth (그는 입만 살아서 믿을 수가 없다).

- black dog: depression, the blues (침울하여), sulky (뾰루뚱하여). 영국 수상 윈스턴 처칠은 만성 우울증으로 고생을 하였는데 그는 '나는 평생 검은 개 한 마리와 같이 살았다'는 말과 함께 그가 우울증을 앓고 있었던 것을 고백한 것에서 black dog를 우울증으로 표현하게 된 유래가 되었다.

  예) I'm under the black dog (나 우울증이야).

- puppy love: cat love (풋사랑). puppy는 경솔하고 겉 멋든 젊은이를 지칭하기도 하는데 서툴고 두근거리는 풋사랑은 'puppy love'라고 한다. 예) I have never experienced puppy love (나는 풋사랑을 경험한 적이 없어).

Directo Al Corazón 아이스크림 사랑

디렉또 알 꼬라손

멕시코 루이스 미겔(Luis Miguel)이 부른 곡을 볼리비아 국적의 한국계 가수 임병수가 <아이스크림 사랑>이란 제목으로 번안해서 불러 큰 인기를 끌었다.

Directo Al Corazón

Dos helados más
도스 엘라도스 마스
둘 아이스크림 더
(아이스크림 두 개 주세요)

Mucho que decir
무초 께 데씨르
많은 말하다
(네게 할 말이 많아)

Todo por hablar
또도 뽀르 아블라르
전부 말하다
(전부 다 고백할게)

Nada que fingir

나다 께 핑히르

아무것도 척하다

(하나도 숨기지 않고)

Chiquilla mía

치끼야 미아

예쁜 애 내

(예쁜 내 사랑)

Somos como el temporal

소모스 꼬모 엘 뗌뽀랄

이다 ~처럼 폭풍

(우리는 폭풍같아)

Que arrastra todo

께 아라스뜨라 또도

휩쓸다 전부

(모든 것을 휩쓸어버리는)

Y no le importa dónde va

이 노 레 임뽀르따 돈데 바

그에게 중요하다 어디에 가다

(어디든지 가버리는)

Nuestro cariño

누에스뜨로 까리뇨

우리의 사랑

(우리의 사랑은)

Es un barco en alta mar

에스 운 바르꼬 엔 알따 마르

이다 바다 높은 바다

(먼바다의 배야)

Navega libre
나베가 리브레
항해하다 자유로이

(자유롭게 항해하는)

Sin temor a naufragar
신 떼모르 아 나우프라가르
~없이 두려움 난파하다

(난파의 두려움 없이)

Cariño mío, solo tú y yo
까리뇨 미오 솔로 뚜 이 요
사랑 내 단지 너 와 나

(내 사랑, 단지 너와 나)

Los dos sin nada que ocultar
로스 도스 신 나다 께 오꿀따르
둘 아무것도 숨기다

(우리 둘 사이에는 하나도 숨기지 말고)

Y tú y yo lanzamos el amor
이 뚜 이 요 란싸모스 엘 아모르
너 와 나 쏘다 사랑

(너와 난 사랑의 화살을 쏜다)

Y tú y yo directo al corazón
이 뚜 이 요 디렉또 알 꼬라쏜
너 와 나 직접 마음

(너와 난 직접 마음과)

Al corazón
알 꼬라쏜
마음

(마음으로)

Cariño mío, solo tú y yo
까리뇨 미오 솔로 뚜 이 요
사랑 내 단지 너 와 나

(내 사랑, 단지 너와 나)

Los dos el pájaro y la flor
로스 도스 엘 빠하로 이 라 플로르
둘 새 꽃

(우리 둘은 새와 꽃)

Salgo a caminar
살고 아 까미나르
나가다 걷다

(난 산보하러 나간다)

Tus ojos cambian el color de la ciudad
뚜스 오호스 깜비안 엘 꼴로르 데 라 씨우닫
네 눈 바꾸다 색깔 도시

(네 눈은 도시의 색깔을 바꾼다)

Tú me sonríes y la gente me da igual
뚜 메 손리에스 이 라 헨떼 메 다 이구알
너 내게 미소짓다 사람들 내게 준다 똑같은

(넌 내게 미소를 짓고 다른 사람들은 관심없어)

Te quiero tanto que no entiendo nada más
떼 끼에로 딴또 께 노 엔띠엔도 나다 마스
널 사랑해 ~만큼 이해하다 아무것도 더

(내가 알고 있는 것은 널 사랑한다는 것뿐이야)

Cariño mío, solo tú y yo
까리뇨 미오 솔로 뚜 이 요
사랑 내 단지 너 와 나

(내 사랑, 단지 너와 나)

영어로 배우기

- Dos helados más: Two more ice creams (아이스크림 두 개 더 주세요). 음식이나 디저트, 커피 등을 주문할 때 굳이 완벽한 문장으로 길게 구사할 필요 없이 간단한 표현으로 사용한다. 예를 들어 '커피 두 잔 주세요'는 'Give me two cups of coffee please'라고 해도 되지만 'two coffee please!'라고만 해도 된다.
- caminar: walk (걷다). 길을 걷다, 산책하다는 go for a walk으로 표현한다. take a walk는 짜증스럽게 명령어 형태로 말한다면 get away (떠나줘!, 꺼져!)의 뜻을 가지기 때문에 주의해야 한다. 스페인하면 'El Camino de Santiago (산티아고 순례길)'이 떠오른다. Camino는 '길'이고 이 노래에서 나오는 caminar는 '걷다'이다.
- igual: equal, same (같은). same as me (나도 똑같아). 예) My new jacket is much the same as the old one (내 새 자켓은 옛날 것과 거의 똑같다). 비슷한 의미를 가진 영어표현으로 'equal to', 'similar to'가 있는데 여기서는 전치사 'to'를 사용해 표현하고 same의 경우는 'as'를 사용하므로 혼돈되지 않도록 유의하자. 나아가 'me too (나도 역시)'는 누군가의 긍정의 의견에 동의할 때 사용한다. 예) A: I'm very hungry B: Me too. 그러나 누군가

의 부정 의견에 동의할 때는 'me neither (나도 역시)'로 표현한다. 예) A: I don't like the movie B: Me neither (나도 역시). 여기서 'me either'를 사용하면 안된다. 'either'의 사용을 예를 들어 살펴보자. A: I don't like the movie (나는 그 영화 좋아하지 않아) B: I don't like the movie, either (나도 역시 그 영화 좋아하지 않아). either는 not과 함께 사용한다.

- solo tú y yo: only you and me (오로지 너와 나). '단지'의 의미로 종종 'just'를 쓰는 경우가 있는데 just와 only의 의미가 매우 유사한 것처럼 보인다. 그러나 영어의 just는 어떤 사실에 기반을 둔 '옳은', '적절한'의 뜻을 가지고 only는 어떤 범주에서 '오직', '단독으로'의 의미를 갖는다. 그러므로 이 노래 속의 'solo tú y yo'의 'solo'는 영어로는 only로 표현할 수 있다.

스페인어로 배우기

- mucho que decir: 할 말이 많아(예: Tengo mucho que decirte 난 너한테 할 말이 많다)
- chiquilla: 여자애 chica의 축소형
- alta mar: 원양

- cariño mío: 내 사랑(= mi cariño/ mío는 소유형용사 후치형으로 오늘날 구어체에서는 많이 사라지고 편지 인사말이나 노래나 시의 라임을 맞추기 위해 사용하고 있다.)
- sin temor a ~: ~할 두려움 없이
- salgo a caminar: 산보하러 나가다(salir a + 동사원형: ~하러 나가다)
- me da igual: 상관없다

한 걸음 더 들어가기

커피 주문하기

(영화 '악마는 프라다를 입는다 Devil wears Prada')

Emily: You pick up her coffee order on the way

Andrea: Now?

Emily: Now get a pen and write this down

I want no foam, skimmed latte with an extra shot

(거품 없는 저지방 우유로 된 샷 추가한 라떼)

and three drip coffees with room for milk.
(우유 넣을 공간을 비어둔 드립커피 세 개)
Searing hot, I mean hot.
(엄청 뜨거운, 내가 말하는 건 뜨거운 커피)

커피 주문 시

- 온도선택 extra hot, hot, iced
- 사이즈 선택 tall, grande, venti
- 우유 선택: full fat, semi-skimmed, skimmed
  soy milk, oat milk, almond milk
- 거품 선택: extra foam, no foam

커피 주문하기

A: I'd like a venti caramel latte please

Can I have it with soy milk?

B: Hot or iced? A; Hot please

B: What about wipe cream?

A: Please remove the whip cream.

B: OK. a venti hot caramel latte with soy milk, no whip cream

A; Yes, please

아이스크림 주문하기

우리는 보통 아이스크림의 맛을 고른다는 표현을 쓴다. 그러나 영어에서는 '맛'의 'taste'를 쓰지 않고 '향'의 'flavor'로 표현한다.

A; I'd like some ice cream pleas?

B: What flavor ice cream do you want?

A: I'd like a scoop of chocolate ice cream please

B: we are having a special. you can have a second scoop for free.

A: Oh, Thanks a lot

- flavor: 맛, 풍미, 향미
- a scoop of ice cream 아이스크림 한 스푼
- free: 공짜

스페인에는 아메리카노가 있을까?

있는 곳도 있고 없는 곳도 있다. 원래 스페인 카페(cafetería)나 바(bar)에서는 아메리카노가 없었으나 영어권 관광객들이 많이 몰려들고 스타벅스와 같은 유명한 커피 체인점들이 들어서면서 아메리카노를 마실 수 있는 공간들이 많이 생겼다. 그러나 아직까지 전통적인 스페인 방식의 커피만 고수하는 곳도 많다.

전통 스페인식 커피 종류

- café solo: 에스프레소 커피
- café cortado: 에스프레소 커피에 우유를 아주 조금 추가해주는 커피

- café con leche: 카페 라테(주로 아침에 빵이나 도넛 먹을 때 마신다)
- café descafeinado; 디카페인 커피
- café con hielo: '얼음과 함께 하는 커피'라는 뜻으로 에스프레소 커피 한 잔과 얼음을 가득 채운 컵을 같이 제공한다.

라틴아메리카 커피

전 세계 커피 생산량 중 브라질은 37%로 세계 1위 커피 생산국이다. 2위는 베트남(17%), 3위는 콜롬비아(8%)다. 그리고 온두라스(4%), 페루(3%), 멕시코(2%), 과테말라(2%), 니카라과(2%)까지 포함하면 전 세계 커피의 50% 이상이 라틴아메리카에서 생산된다.

라틴 아메리카 5대 커피

- 자쿠커피(브라질): 브라질에 서식하는 자쿠새 배설물을 모아 만든 커피
- 블루마운틴(자메이카): 이 커피는 하와이 코나, 예멘 모카마타리와 함께 세계 3대 커피에 포함된다
- 안티구아(과테말라)
- 후안 발데스(콜롬비아)
- 게이샤(파나마): '신의 커피'라는 별명을 갖고 있다. 케이샤 커피 원산지는 에티오피아

Capítulo 17 ~ 25 **Despedida 이별**

Adiós

Bésame Mucho 베사메 무초 뜨겁게 키스해 줘

멕시코 피아니스트이자 작곡가 꼰수엘로 벨라쓰께스(Consuelo Velázquez)가 1940년 자신의 열여섯 번째 생일을 앞두고 만든 곡인 'Bésame mucho'는 영어로 표현한다면 'Kiss Me a lot'이다. 벨라스께스는 15세의 어린 소녀로 당시 '베사메 무초' 가사를 쓰기에는 매우 어른 나이였다. 그러나 그녀는 인터뷰에서 스페인의 작곡가 엔리케 그라나도스가 1911년에 피아노 모음곡으로 발표한 뒤 1916년에 오페라로 제작한 '고예스까스(Goyescas)'에 등장하는 아리아에서 영감을 얻어 '베사메 무초'를 완성하였다고 말했다.

Bésame Mucho

Bésame, bésame mucho
베사메 베사메 무초
내게 키스해 많이
(키스해 줘, 뜨겁게 키스해 줘.)

Como si fuera esta noche
꼬모 시 푸에라 에스따 노체
마치 이 밤
(이 밤이 마치)

La última vez
라 울띠마 베쓰
마지막 번
(마지막인 것처럼)

Bésame, Bésame mucho
베사메 베사메 무초

Que tengo miedo a perderte
께 뗑고 미에도 아 뻬ㄹ데ㄹ떼
가지다 두려움 널 잃을
(널 잃을까 두려워)

Perderte después
뻬ㄹ데ㄹ떼 데스뿌에스
널 잃을 나중에
(언젠가 널 잃을까)

Quiero tenerte muy cerca
끼에로 떼네ㄹ떼 무이 쎄ㄹ까
원하다 널 갖다 아주 가까이
(널 내 바로 곁에 두고 싶어)

Mirarme en tus ojos
미라ㄹ메 엔 뚜스 오호스
날 보다 ~에서 네 눈
(네 눈동자에 비친 날 보고)

Y verte junto a mi
이 베ㄹ떼 훈또 아 미
널 보다 옆에

(나와 함께 있는 널 보고)

Piensa que tal vez mañana
빼엔사 께 딸 베쓰 마냐나
생각해 아마 내일

(생각해, 아마 내일이면)

Yo ya estaré lejos
요 야 에스따레 레호스
난 이미 있을거야 멀리

(난 멀리 떠날거야)

Muy lejos de ti
무이 레호스 데 띠
아주 멀리 네게서

(네게서 아주 멀리)

영어로 배우기

- como si~: as if (마치 ~인 것처럼). as if 뒤에 과거시제를 쓰는 것은 그 의미가 사실이 아닌 경우이다. 예) It seems as if he knew everything (그가 다 알고 있는 것 같아요). As if 뒤에 현재시제를 쓰는 것은 그 의미가 사실인 경우이다. 예) It seems as if he knows everything (그가 다 알고 있는 것 같아요). 예) as if it were the last (마치 마지막인 것처럼).
- tener miedo a~: I'm afraid of, I'm sacred of (~가 두렵다). 예) I'm afraid of losing you (너를 잃을까 두렵다). I'm sacred of taking a test (시험을 보는 것이 두렵다). 영화 '위대한 쇼맨' ost, 'This is me' 가사에는 I'm not scared to be seen (내가 다른 사람들에게 보여 지는 것이 두렵지 않다)는 표현이 나온다. be afraid(scared) of 뒤에는 명사형이 오지만 be afraid(scared) to 뒤에는 동사형이 온다. 또한 정중히 거절하거나 좋지 않은 소식을 전할 때 말 서두에 'I'm afrad~'를 사용한다. 예) I'm afraid I can't make it (유감스럽게 약속을 지킬 수 없어요.). I'm afraid not (유감스럽게도 아닙니다).
- perder: miss, lose (잃다, 놓치다). I lose my bag (가방을 잃어버렸다). I missed the train (기차를 놓쳤다). 'miss'는 '~를 그리

워하다'의 의미로도 많이 사용한다. 예) I miss you a lot (난 네가 너무 그리워)

- estaré: will, be going to (~할 것이다, ~할 예정이다). 영어 조동사 'will'과 'be going to'의 쓰임은 매우 다르다. 'will'은 단순히 미래의 사실이나, 미래에 어떤 일을 할 거라는 것을 말하는 시점에 결정하는 경우에도 사용하기도 한다. 예) I think we're lost. I'll ask for directions (길을 잃은 상황에서 길을 물어보기로 지금 결정함). 반면 be going to는 예정된 미래, 다시 말해서 이미 결정되어 계획된 일에 사용한다. 예) I'm going to watch a movie tomorrow with my friend. (내일 내 친구와 영화 볼 예정이다-이미 무슨 영화를 누구와 몇 시에 볼 것인지 계획된 일).
- tal vez: maybe, perhaps (아마도). '아마도'의 뜻을 가진 영어표현은 maybe, perhaps, possibly, probably가 있다. 1) maybe; 어떤 일이 일어날 수 있는 확률이 50퍼센트로, 즉 일어나거나 안 일어나거나 둘 중 하나일 때 사용할 수 있다. 예) Maybe John will come or won't. 2) perhaps는 maybe와 같이 어떤 일이 일어날 수 있는 확률이 50퍼센트일 때 사용하지만 maybe보다 더 격식이 있는 정중한 표현이다. 예) This is perhaps his best excuse to do (아마도 이것이 그가 할 수 있는 최고의 핑계이다). 3) possibly는 어떤 일이 일어날 수 있는 확률이 50퍼센트 이하

로 거의 일어나지 않을 것 같을 때 사용한다. 예) I can't possibly tell you that! (네게 그것을 아마도 말할 수 없어). 4) probably는 어떤 일이 일어날 수 있는 확률이 높을 때 사용한다. 예) It'll probably be OK.

예) Are you going to the party tonight?

A: Possibly (갈 수도 있지만 아마 안 갈 거야)

B: Maybe (몰라, 갈 수도 있고 안 갈 수도 있어)

C: Probably (아마 갈 거야)

스페인어로 배우기

- bésame: 내게 키스해줘(키스하다 besar의 2인칭 긍정명령형 + 간접목적격 1인칭 me)
- como si~: 마치 ~인 것 처럼
- esta noche: 오늘 밤
- la **ú**ltima vez: 마지막 번
- tengo miedo a~: ~가 두렵다
- perderte: 너를 잃다, 놓치다(perder)

- después: 다음에, 뒤에
- cerca: 가까이
- junto a: 곁에, 함께
- tal vez: 아마도
- mañana: 내일(cf. la mañana 아침)
- estaré: 있을 것이다(estar 미래시제 1인칭 동사변화)
- lejos: 멀리(lejos de ti: 네게서 멀리)

한 걸음 더 들어가기

영어의 인사표현에는 How are you doing? How is it going? How is everything? 그리고 좀 더 친근한 사이에서 가볍게 사용할 수 있는 표현으로는 What's up?, What's new?가 있다. How are you doing?은 보통 How are you?로 많이 사용하는데, 안부를 물을 때 사용하지만 보통 별 의미 없이 인사로 사용하기도 한다. 우리나라에서는 'How are you?'에 대한 대답이 'Fine, thank you, and you?'로 굳어져 있는데 원래는 상황이나 기분에 따라 다양한 표현으로 대답할 수 있다. 1) 기분이 아주 좋을 때: I'm pretty good, I'm great 2) 기분이 좋을 때: I'm good, I'm fine, I'm alright 3) 그저 그럴 때: so so, nothing much, not too bad, could be better 4) 기분이 별로일 때: Not so great, not so good. 영국에서는 How are you?라는 표현 대신 Are you alright? 이란 표현을 사용하고 대답은 I'm alright, I'm not bad, I feel bad로 표현할 수 있다.

누군가에게 친구나 지인을 소개할 때에도 격식을 차린 문장에서는 'I'd like you to meet ~'표현을 사용하고 친근한 사이에서는 'This is ~'로 표현할 수 있다. 예) John, I'd like you to meet my friend, Tony. 또는 가볍게 This is my friend, Tony.

Besito(베시또)

스페인과 라틴아메리카에서는 이성간에, 혹은 여성끼리 인사할 때는 반드시 베시또를 한다. 이것은 서로 양쪽 뺨을 맞닿으며 입술로 '쪽' 소리를 내면서 하는 인사법인데 스페인에서는 두 번, 라틴아메리카에서는 한 번만 한다는 차이가 있다. 남성들 사이에서도 베시또를 하는 경우가 있는데, 이는 친구가 멀리 떠난다거나 군대에 가는 것과 같은 특별한 경우에 하기도 한다. 남성들은 악수하는 것이 일반적이지만 친한 친구하고는 포옹을 하면서 손바닥으로 등을 툭툭 치면서 우정을 나타내기도 한다.

Cucurrucucú Paloma 꾸꾸루꾸꾸 비둘기

꾸꾸루꾸꾸 빨로마

멕시코 작곡가 또마스 멘데쓰(Tomás Méndez)가 1954년에 쓴 곡으로, 스페인 영화감독 뻬드로 알모도바르 작품 <Talk to Her 그녀에게>에서 브라질 국민가수 카에나투 벨로주(Caetano Veloso) 가 부르는 장면이 많은 사람들의 심금을 울렸다.

Cucurrucucú Paloma

Dicen que por las noches
디센 께 뽀르 라스 노체스
말한다 밤

(사람들은 말하네 밤마다)

No más se le iba en puro llorar,
노 마스 세 레 이바 엔 뿌로 요라르
더 순수히 울다

(그는 그저 울기만 했다고)

Dicen que no comía
디센 께 노 꼬미아
말하다 먹었다

(사람들은 말하네 먹지도 않았다고)

No más se le iba en puro tomar.
노 마스 세 레 이바 엔 뿌로 또마르
더 순수한 마시다

(그저 마시기만 한다고)

Juran que el mismo cielo
후란 께 엘 미스모 씨엘로
맹세하다 바로 하늘

(사람들은 장담하네 하늘까지도)

Se estremecía al oír su llanto
세 에스뜨레메씨아 알 오이르 수 얀또
떨었다 듣다 그의 탄식

(그의 탄식을 들으며 슬퍼했다고)

Cómo sufría por ella
꼬모 수프리오 뽀르 에야
얼마나 괴로워했다 때문에 그녀

(그녀 때문에 얼마나 가슴아파 했는지)

Que hasta en su muerte
께 아스따 엔 수 무에르떼
~까지 그의 죽음

(그는 죽는 순간까지도)

La fue llamando.
라 푸에 야만도
그녀를 부르다

(그녀의 이름을 불렀다네)

Ay, ay, ay, ay, cantaba,
아이, 아이, 아이, 아이, 깐따바
노래를 불렀다
(아! 아! 아! 아! 노래를 불렀어)

Ay, ay, ay, ay, gemía,
아이, 아이, 아이, 아이, 헤미아
흐느꼈다
(아! 아! 아! 아! 흐느꼈어)

Ay, ay, ay, ay, cantaba,
아이, 아이, 아이, 아이, 깐따바
노래를 불렀다
(아! 아! 아! 아! 노래를 불렀어)

De pasión mortal moría.
데 빠시온 모르딸 모리아
열정 치명적인 죽었다
(사랑의 열병으로 죽었어)

Que una paloma triste
께 우나 빨로마 뜨리스떼
비둘기 슬픈
(어느 슬픈 비둘기 한 마리가)

Muy de mañana le va a cantar
무이 데 마냐나 레 바 아 깐따르
매우 아침 가다 노래하다
(이른 아침부터 날아와서 노래하네)

A la casita sola
아 라 까시따 솔라
작은 집 홀로
(외딴 작은 집 앞에서)

Con sus puertitas de par en par
꼰 수스 뿌에르띠따스 데 빠르 엔 빠르
작은 문들
(작은 문들이 활짝 열려있는)

Juran que esa paloma
후란 께 에사 빨로마
맹세하다 그 비둘기
(사람들은 장담하네 그 비둘기가)

No es otra cosa más que su alma
노 에스 오뜨라 꼬사 마스 께 수 알마
이다 다른 사물 그의 영혼
(바로 그의 영혼이라고)

Que todavía la espera
께 또다비아 라 에스뻬라
아직까지 그녀를 기다리다
(아직도 그녀를 기다리는)

A que regrese la desdichada
아 께 레그레세 라 데스디차다
돌아오다 불행한 여인
(그 가련한 여인이 돌아오기만을)

Cucurrucucú, paloma
꾸꾸루꾸꾸, 빨로마
비둘기

(꾸꾸루꾸꾸 비둘기)

cucurrucucú, no llores
꾸꾸루꾸꾸, 노 요레스
울다
((꾸꾸루꾸꾸 울지마))

Las piedras jamás, paloma
라스 삐에드라스 하마스 빨로마
돌들 절대로 비둘기
(돌멩이들은 절대로)

Qué van a saber de amores.
께 반 아 사베르 데 아모레스
알다 사랑
(사랑에 대해 모를거야)

영어로 배우기

- paloma: pigeon, dove (비둘기). 영어에서 비둘기는 pigeon, dove가 있는데 둘의 차이는 다음과 같다. 1) 색이 흰색이나 열은 회색은 dove, 검은색 계열은 pigeon이다. 2) 크기가 작으면 dove이며 pigeon은 dove보다 크다. 3) 성격은 dove는 순한 편이지만 pigeon은 공격성을 띤다.
- dicen que: people say that~, It is said that ~ (~라고 사람들이 말한다). 영어의 간접화법은 말 그대로 원래 있었던 내용을 가지고 제3자에게 전달할 때 쓰는 화법이다. 예) People say every night he just cried (사람들은 밤마다 그는 그저 울기만 했다고 말하네).
- por las noches: every night, night after night (밤마다). 예) The dog barked every night (개는 밤마다 짖는다).
- al oir su llanto: When(al + 동사원형: ~ 할 때), while (~하는 동안에). 시간의 부사절을 이끄는 접속사 중 when과 while의 쓰임의 차이를 알아보면 when은 일시적인 동작을 할 때를 말하고 while은 동작의 계속을 의미한다. 예) I was sad when I heard his lament (그의 탄식을 들었을 때 나는 슬펐다). I was sad

while listening to his lament (그의 탄식을 듣는 동안에 나는 슬펐다).

- de par en par: wide open (활짝 열려있는). open은 동사로 쓰이면서 형용사로도 쓰여서 '열려있는'의 뜻을 갖는다. 예) Would you open the door (문 좀 열어주시겠어요?) 예) The door is wide open (문이 활짝 열려있다).
- llamando: call (부르다)
- No es otra cosa más que~: That is what ~(바로 그것이다). 예) That is what I really mean (나의 진의는 바로 거기에 있다). what은 보통 의문사로 익숙하지만, 여기에서처럼 관계대명사 what은 the thing that (~인 것)으로 주어, 목적어 그리고 보어로도 쓰일 수 있는 what에 대해서도 잘 익혀둘 필요가 있다. 1) 주어로 역할로 쓰인 what. 예) What I want is not money but time (내가 원하는 것은 돈이 아니라 시간이다) 2) 목적어로 역할로 쓰인 what. 예) I don't know what you are saying (나는 네가 말하는 것을 모르겠다). 3) 보어의 역할로 쓰인 what. 예) This is what I said a month ago (이것이 한 달 전에 내가 말한 것이다). 관계대명사를 사용하는 이유는 중복되거나 불필요한 것을 줄여서 간결한 문장으로 말하기 위한 것이다.
- espera: wait (기다림) 예) Let's wait until it's my turn (내 차례

가 될 때까지 기다리자)

- triste: depressed (우울한). 예) She was very depressed because it was raining (그녀는 비가 오니 매우 우울해했다).
- piedras: stone (돌)

스페인어로 배우기

- dicen que: ~라고 사람들이 말한다
- por las noches: 밤마다
- al oir su llanto: 그의 탄식을 들을 때(al + 동사원형: ~ 할 때)
- de par en par: 활짝 열려있는
- No es otra cosa más que~: 바로 그것이다
- no llores: 넌 울지마(2인칭 부정 명령형에서는 접속법 동사변화가 사용된다)

한 걸음 더 들어가기

의성어 배우기

각기 다른 언어를 사용하는 사람들은 같은 소리를 동시에 들었어도 서로 다르게 표기하고 표현한다. 아직도 이러한 분야의 연구는 지속되고 있지만 아마도 이것은 언어의 임의성과 관련이 있는 것으로 보인다. 자연의 소리를 해당 언어로 표현하는 과정에서 그 언어의 구조에 따라 소리를 임의로 규정하게 되고, 각 언어가 다른 만큼 소리가 표현되는 것도 달라진다. 사람들이 들리는 소리를 일종의 부호로 만드는 과정에서 언어를 사용해 이를 처리한다는 이론이 가장 널리 받아들여지는 것인데 이것은 언어가 다른 만큼 똑같은 소리도 해당 언어 구조 속에서 다르게 바뀐다는 것이다.

동물 울음소리

동물	우리말	영어	스페인어
돼지	꿀꿀	오잉크 오잉크(oink oink)	오잉크 오잉크 (oink oink)
소	음매	무우(moo)	무우(mu)
고양이	야옹	먀오(meow)	미야우(miau)
닭	꼬끼오	칵아두들두 (cock-a-doodle-doo)	끼끼리끼 (quiquiriquí)
강아지	멍멍	바우와우(bowwow)	구아우구아우 (guau, guau)
비둘기	구구	쿠쿠(coo-coo)	꾸꾸루꾸꾸 (cucurrucucu)
벌	윙윙	버즈 버즈(buzz buzz)	스(zzz)
참새	짹짹	트윗(tweet)	피오피오(pio pio)

Dónde Voy 돈데 보이 난 어디로 가나

멕시코계 미국 출신 가수 띠시 이노호사(Tish Hinojosa)가 1989년에 발표한 이 곡은 극한 가난을 벗어나기 위해 미국으로 불법 이민을 시도하는 남성의 처절한 삶의 애환 그리고 고국에 남겨둔 자신의 연인을 그리워하는 마음을 담고 있다.

Dónde Voy

Madrugada me ve corriendo
마드루가다 메 베 꼬리엔도
새벽에 날 보다 달리고 있는

(새벽녘 난 달리고 있다)

Bajo cielo que empieza color
바호 씨엘로 께 엠삐에싸 꼴로르
아래서 하늘 시작하다 색깔

(동이 트는 하늘 아래서)

No me salgas sol a nombrarme
노 메 살가스 솔 아 놈브라르메
날 나가다 태양 내 이름을 부르다

(태양이여, 날 비추지 말아줘)

A la fuerza de "la migración"
아 라 푸에르싸 데 라 미그라시온
힘 이민국
(이민국이 날 발견하지 못하도록)

Un dolor que siento en el pecho
운 돌로르 께 시엔또 엔 엘 뻬초
고통 느끼다 가슴
(내 가슴 속에 느껴지는 이 아픔)

Es mi alma que llene de amor
에스 미 알마 께 예네 데 아모르
이다 내 영혼 채우다 사랑
(그것은 사랑으로 가득 찰 내 영혼)

Pienso en ti y tus brazos que esperan
삐엔소 엔 띠 이 뚜스 브라쏘스 께 에스뻬란
생각하다 널 네 팔 기다리다
(당신이 생각나고 당신 품이 그립다)

Tus besos y tu pasión
뚜스 베소스 이 뚜 빠시온
네 키스 네 열정
(당신의 뜨거운 키스를)

Dónde voy, dónde voy
돈데 보이 돈데 보이
어디로 가다
(난 어디로 가야하나?)

Esperanza es mi destinación
에스뻬란싸 에스 미 데스띠나시온
희망 이다 내 목적지

(희망이 내 목적지인데)

Solo estoy, solo estoy
솔로 에스또이 솔로 에스또이
홀로 있다

(나 홀로, 나 홀로)

Por el monte profugo me voy
뽀르 엘 몬떼 쁘로푸고 메 보이
산 도망치는 가다

(도망자처럼 산속을 헤쳐가네)

Días semanas y meses
디아스 세마나스 이 메세스
며칠 몇 주 몇 달

(며칠, 몇 주, 몇 달이 지나고)

Pasa muy lejos de ti
빠사 무이 레호스 데 띠
지나가다 아주 멀리

(당신으로부터 아주 멀리 떠나왔네)

Muy pronto te llega un dinero
무이 쁘론또 떼 예가 운 디네로
아주 빨리 네게 도착하다 돈

(조만간 당신한테 돈이 도착할거야)

Yo te quiero tener junto a mi
요 떼 끼에로 떼네르 훈또 아 미
난 널 원하다 가지다 곁에

(난 당신과 함께 있고 싶어)

El trabajo me llena las horas
엘 뜨라바호 메 예나 라스 오라스
일 날 채우다 시간들
(온 종일 일만 하는 힘든 삶 속에서)

Tu risa no puedo olividar
뚜 리사 노 뿌에도 올비다르
네 웃음 할수있다 잊다
(당신의 웃음은 잊을 수 없어)

Vivir sin tu amor no es vida
비비르 신 뚜 아모르 노 에스 비다
사는 것 없이 네 사랑 이다 삶
(당신 사랑 없이 산다는 것은 사는게 아니야)

Vivir de profugo es igual
비비르 데 쁘로푸고 에스 이구알
사는 것 도망자로 이다 같다
(도망자로 산다는 것도 마찬가지야)

영어로 배우기

- a la fuerza: by force (강제로). 예) I did it partly by force partly by persuasion (나는 일부는 강제로 일부는 설득으로 그것을 했다)
- pienso en ti: think about you (널 생각하다). SNS가 발달하면서 영어 표현들도 줄임말을 많이 사용한다. think about you의 줄임말은 TAY이다. 좀 더 나아가 상대의 의견을 묻는 '~에 관하여 어떻게 생각하십니까?'의 영어표현은 'What do you think about it?' 'What do you think of it?' 여기서 사용한 about과 of의 차이는 about을 사용하는 경우에는 '어떤 것에 대해 판단하고 생각하다'의 뜻을 가지며 of를 사용했을 때에는 '어떤 대상을 떠올리다'의 뜻을 가진다. 예) What do you think about my proposal? (내 제안에 대해서 어떻게 생각하세요?), 예) What do you think of the proper answer? (적절한 답이 떠오르세요?). 그러나 지금은 대부분 구분 없이 사용한다. 그리고 우리나라 말로 '어떻게 생각하세요?'로 번역하다 보니 종종 'How do you think about it?'이라고 사용하기 쉬운데 실수하지 않도록 유의해야 한다. How로 표현하려면 'How do you like it?'으로 표현할 수 있다.
- quiero tener: I want to have (가지고 싶다). 우리에게 가장 친

숙한 '~원하다, ~하고 싶다'의 영어표현은 아마도 'want to~'일 것이다. 하지만 want to 이외에도 be keen for, dying to, feel like ~ing, be in the mood for가 있다. 예) After the long holiday, students are keen for going back to school (오랜 방학 후, 학생들은 학교에 돌아가고 싶어 한다). 예) I'm dying to work in that company (나는 그 회사에서 몹시 일하고 싶다). 예) I feel like hanging out with my friends (나는 친구들과 어울려 시간을 보내고 싶다). 예) I'm in the mood for a movie today (오늘은 영화가 보고 싶다).

- junto a: next to (~곁에). 예) I booked a seat next to the window (창옆 자리를 예약했다).

스페인어로 배우기

- madrugada: 새벽(por la madrugada 새벽에/ por la mañana 아침에/ por la tarde 오후에/ por la noche 밤에)
- a la fuerza: 강제로
- pienso en ti: 널 생각하다(pensar en~ /pensar + 동사원형: ~할

생각이다)

- muy lejos de ti: 너에게서 아주 멀리
- muy pronto: 곧
- vivir: 사는 것(스페인어에서는 동사의 원형을 써서 주어나 동사의 보어로 사용하는 경우가 많다/ Hablar español no es fácil 스페인어를 하는 것은 쉽지 않다)

바르셀로나 콜럼버스 기념탑

한 걸음 더 들어가기

Immigration

육로를 통한 미국 입국

우리는 육로를 통한 다른 나라의 입국보다는 비행기를 통해 나라와 나라를 이동하는 것에 익숙해 있다. 출입국 절차는 비행기로 이동할 때와 육로로 이동할 때가 크게 차이는 없지만 입국절치를 위해 필요한 영어표현들을 알아보고자 한다. 먼저 입국과 관련하여 필요한 단어들을 정리해 보면 1) Customs and immigration (세관 및 입국 심사) 2) arrival card (입국신고서) 3) customs declaration (세관 신고서)이다. 입국 심사 시 물을 만한 영어 질문에 대해 알아보면 1) What is the purpose of your visit? (방문 목적이 무엇입니까?) Just to travel (여행입니다) 2) Where will you be staying? (어디에 머무를 예정입니까?) A rent house from Airbnb (에어비엔비에서 빌린 집입니다) 3) How long do you intend to stay? (얼마나 머무를 예정입니까?) For 3 days (3일) 4) How often do you come to the United States? (미국에 얼마나 자주 오십니까?) This is the first time (이번이 처음입니다) 5) Do you have anything to declare? (신고할

것 있습니까?) Nothing (없습니다)

Canción 20

Hasta Siempre! Commandante

아스따 시엠쁘레 꼬만단떼

사령관이여! 영원하라

쿠바의 작곡가 까를로스 뿌에블라(Carlos Puebla)가 1965년 작곡, 혁명가 체 게바라가 콩고와 그 뒤 자신이 죽게 된 볼리비아로 투쟁무대를 옮기기 위해 쿠바를 떠나면서 남긴 이별의 편지에 대한 응답조의 내용으로, 'Hasta siempre Comandante 사령관이여 영원하라'라는 뜻의 제목은 체 게바라가 말한 유명한 경구 'Hasta la Victoria Siempre 승리의 그날까지 영원히'에 대한 응답이다. 체 게바라가 죽은 뒤 이 노래는 뜨거운 젊음과 꿈을 상징하는 곡이 되었으며, 후에 많은 아티스트가 다양한 버전을 발표했다.

Hasta Siempre! Commandante

Aprendimos a quererte
아쁘렌디모스 아 께레르떼
배웠다 널 사랑하다

(우리는 당신을 사랑하는 법을 배웠어요)

Desde la histórica altura
데스데 라 이스또리까 알뚜라
~부터 역사적 높이

(역사적인 고원에서부터)

Donde el sol de tu bravura
돈데 엘 솔 데 뚜 브라부라
태양 네 용기

(뜨거운 당신의 용기는)

Le puso un cerco a la muerte.
레 뿌소 운 쎄르꼬 아 라 무에르떼
그에게 놓다 울타리 죽음

(당신을 죽음의 울타리에 가두었어요)

Aquí se queda la clara,
아끼 세 께다 라 끌라라
여기 남다 밝음

(여기 뚜렷하게 남아있어요)

La entrañable transparencia,
라 엔뜨라냐블레 뜨란스빠렌씨아
다정한 투명함

(순수함과 따뜻한 투명함이)

De tu querida presencia
데 뚜 께리다 뺀레센씨아
네 사랑하는 모습

(사랑하는 당신의 모습에서)

Comandante Che Guevara
꼬만단떼 체 게바라
사령관 체 게바라

(사령관 체 게바라)

Tu mano gloriosa y fuerte
뚜 마노 글로리오사 이 푸에르떼
네 손 영광스러운 강한

(당신의 영광스럽고 강한 손은)

Sobre la historia dispara
소브레 라 이스또리아 디스빠라
~위에 역사 발사하다

(역사를 향해 쐈어요)

Cuando todo Santa Clara
꾸안도 또도 산따 끌라라
모든 산따 끌라라

(산따 끌라라의 모두가)

Se despierta para verte
세 데스삐에르따 빠라 베르떼
깨다 널 보다

(당신을 보기 위해 깼을 때)

Vienes quemando la brisa
비에네스 께만도 라 브리사
온다 태우면서 산들바람

(당신은 바람을 태우며 옵니다)

Con soles de primavera
꼰 솔레스 데 쁘리마베라
햇빛 봄

(봄날의 햇빛으로)

Para plantar la bandera
빠라 쁠란따르 라 반데라

꽂다 깃발

(깃발을 꽂으러)

Con la luz de tu sonrisa.
꼰 라 루쓰 데 뚜 손리사
빛 네 미소

(환한 미소를 지으며)

Tu amor revolucionario
뚜 아모르 레볼루씨오나리오
네 사랑 혁명의

(혁명을 향한 당신의 사랑은)

Te conduce a nueva empresa
떼 꼰두쎄 아 누에바 엠쁘레사
널 이끌다 새로운 사업

(당신을 새로운 과업으로 이끌었어요)

Donde esperan la firmeza
돈데 에스뻬란 라 피르메싸
기다리다 단호함

(모두가 확고함을 기다려요)

De tu brazo libertario.
데 뚜 브라쏘 리베르따리오
네 팔 자유로운

(당신의 자유로운 팔의)

Seguiremos adelante
세기레모스 아델란떼
따라 갈것이다 앞으로

(우리는 앞으로 계속 전진할 겁니다)

Como junto a ti seguimos
꼬모 훈또 아 띠 세기모스
~처럼 함께 전진했다

(당신과 함께 전진했던 것처럼)

Y con Fidel te decimos
이 꼰 피델 떼 데씨모스
함께 피델 네게 말하다

(피델과 함께 당신에게 말합니다)

Hasta siempre Comandante
아스따 시엠쁘레 꼬만단떼
~까지 항상 사령관

(사령관이여 영원하라)

Che Guevara

영어로 배우기

- Aprendimos a quererte: learned to love 사랑하는 법을 배웠다. 'learn'은 배우다의 의미로 가장 익숙한 단어이지만 '~를 알게 되다'의 의미로도 많이 사용된다. 예) learn more about it (그것에 관해 더 알아봐). learn은 뒤에 바로 목적어를 쓰면 되는데 예) I have been learning English (영어를 공부해 오고 있다). 가끔 learn 뒤에 about이 오는데 이 경우에는 '사실이나 소식을 접하다'의 뜻을 갖는다. 예) She passed out when she learned about her father's accident (그녀는 아버지의 사고 소식을 듣고 기절했다).
- se queda: remain. leave, there is(are)~ (남아있다). 예) 5 minutes remain (5분 남았다). 예) Let me leave the food for you (당신을 위해 음식을 남겨둘게요). leftovers (남은 음식). There is 뒤에 단수명사, There are 뒤에 복수명사를 사용하여 '~이 있다'를 표현한다. 예) There is a book on the table (테이블 위에 책이 있다). 예) There are los of people in the store (가게 안에는 사람이 많다). there 대신 here을 사용하여 '여기에 ~이 있다'를 표현할 수 있다. 예) here is your love in my heart (여기 내 마음에 당신의 사랑이 있다)

- con: with (함께). 예) with you (너와 함께). 'Do you have money?'라는 질문을 받았다고 생각하자. 여러분은 '나 돈 없어요'라고 대답을 하고 싶을 때 어떻게 영어로 표현할까요? 아마도 'Sorry, I have no money'라고 답할 수 있을 것이다. 그런데 외국인들의 대답에는 with me를 넣어 지금 현재 자신이 지닌 돈이 없음을 표현한다. 예) Sorry, I have no money with me.
- siempre: always (항상). 얼마나 자주 빈번하게 어떤 일이 일어나는지를 표현하는 영어의 빈도 부사에는 100% 빈도수를 나타내는 always, 90% 정도의 빈도수를 나타내는 usually, 80% 정도의 빈도수를 나타내는 generally, 70% 정도의 빈도수를 나타내는 often, 50% 정도의 빈도수를 나타내는 sometimes, 10% 정도의 빈도수를 나타내는 seldom, 5% 정도의 빈도수를 나타내는 rarely, 0% 정도의 빈도수를 나타내는 never가 있다. 보통 빈도 부사의 위치는 be동사나 조동사의 뒤에 오고, 일반 동사의 경우 빈도 부사는 일반 동사 앞에 위치한다. 예) She is always happy./ She usually drink coffee in the morning.

스페인어로 배우기

- aprendimos a quererte: 널 사랑하는 법을 배웠다(aprender a + 동사원형: ~하는 것을 배우다)
- la histórica altura: 역사적 고원이라는 뜻으로 쿠바 혁명의 출발점인 시에라 마에스트라 산맥(Sierra Maestra)을 의미한다.
- se queda: 남아있다
- Santa Clara: 쿠바 무장봉기가 첫 승리를 거둔 지역
- vienes quemando: 너는 태우면서 온다
- hasta siempre: 영원히

Martin Luther King

한 걸음 더 들어가기

앞으로 계속 전진하겠다는 체 게바라의 희망을 노래한 이 곡을 통해 우리도 우리 자신의 꿈과 희망에 관해 잠시 생각해보자. 내가 진정 원하는 꿈은 무엇인가?(What's my future dream?), 나는 과연 나의 삶을 어떻게 잘 살고 싶은가?(How do I want to live my life well?). 영어에서 꿈은 dream이다. 마틴 루터 킹(Martin Luther King) 목사가 1963년 8월 28일, 미국 워싱턴 DC에서 열린 직업과 자유를 위한 워싱턴 행진에서 행했던 연설인 'I have a dream'을 기억할 수 있다. 흑인에 대한 인종 차별 문제의 심각성을 일깨우고 흑인과 백인 모두의 평등과 공존에 대한 주장이자 요구였다. 또 다른 dream은 뮤지컬 맘마미아에 수록된 스웨던 출신의 팝그룹, ABBA의 곡인 I have a dream이다.

I have a dream (ABBA)

I have a dream, a song to sing
(나에겐 꿈이 있어요, 부를 노래가 있어요)
To help me cope with anything

(어떤 일이든 극복할 수 있게 도와주지요)

If you see the wonder of a fairy tale

(동화 속의 경이로운 일들을 이해한다면)

You can take the future even if you fail

(비록 실패할지라도 미래를 향해 나아갈 수 있어요)

I believe in angels

(나는 천사를 믿어요)

Something good in everything I see

(보는 것마다 뭔가 좋은 게 있지요)

I believe in angels

(나는 천사의 존재를 믿어요)

When I know the time is right for me

(적당한 시기가 되면)

I'll cross the stream - I have a dream

(시내를 건널 거예요 - 나에겐 꿈이 있어요)

- cope with~: ~에 대처하다, ~을 극복하다.
- believe in: ~의 존재를 믿다, ~의 능력을 신용하다.
- something good: 뭔가 좋은 것. ~thing으로 끝나는 명사형은 형용사가 명사 뒤에서 수식한다. 예)something cold for me

please (차가운 것 좀 주세요)

- the time is right for~: ~할 때가 되면, ~하기에 적당한 시기가 되면.

영어로 말하기

What's your dream job?

A: What's your dream job? (장래희망이 무엇입니까?)

B: I want to be a singer in the future (미래에 가수가 되고 싶어요)

A: Oh I didn't know you had a talent for singing.

(오 나는 네가 노래에 재능이 있는지 몰랐네)

B; I have no talent, but I want to do it because I like it.

(재능은 없지만 좋아서 하고 싶어요)

A: You can do it. Go for it.

(넌 할 수 있어. 힘내)

B: Thank you for the pep talk

(격려해 주셔서 고맙습니다)

- dream job: 장래희망, 꿈의 직업

- have a talent for: ~에 재능이 있는
- go for it: 힘내
- pep talk: 격려의 말

라틴아메리카 인종

인종의 용광로: 라틴아메리카 원주민, 유럽에서 건너온 백인, 노예로 끌려온 아프리카 흑인 그리고 이들 인종간의 혼합이 이루어지면서 다양한 혼혈인종이 형성되었다.

- Mestizo (메스띠쏘) = 백인 + 원주민
- Mulato (물라또) = 백인 + 흑인
- Zambo (삼보) = 흑인 + 원주민

라틴아메리카 각 나라별 인종비율

- 멕시코: 메스띠쏘 62%, 원주민 28%, 기타 10%
- 과테말라: 메스띠쏘 60%, 마야 40%
- 콜롬비아: 메스띠쏘 84%, 물라토 10.5% 원주민 3.5%,

- 에콰도르: 메스띠쏘 80%, 원주민 7%, 백인 6%, 물라토 6%, 흑인 1%
- 페루: 메스띠쏘 60%, 원주민 26%, 백인 6%, 흑인 3.6%
- 파라과이: 메스띠쏘 95%
- 볼리비아: 메스띠쏘 68%, 원주민 20%, 백인 5%
- 브라질: 백인 48%, 물라토 43%, 흑인 7.6%
- 아이티: 흑인 95%, 메스띠쏘 5%
- 쿠바: 백인 64%, 물라토 27%, 흑인 9%
- 우루과이: 백인 88%, 흑인 4.6%, 원주민 2.4%
- 아르헨티나: 유럽계 및 메스띠쏘 97%, 원주민 2.4%

Canción 21

Historia de un Amor 어느 사랑 이야기

이스또리아 데 운 아모르

파나마 작곡가 까를로스 엘레따 알마란(Carlos Eleta Almarán)이 1955년에 쓴 곡으로 그의 형제의 부인이 사망하는 비극에서 영감을 받아 썼다.

* 과달루뻬 삐네다(Guadalupe Pineda)는 1955년 멕시코 출생으로 멕시코의 민중음악의 아이콘 중 하나로 대표되는 가수이다. 삐네다는 라틴 그래미 평생 공로상을 수여받기도 하고 멀티 라틴 그래미 후보로 선정되기도 했다. 볼레로, 마리아치, 발라드, 탱고, 오페라 등 다양한 음악 장르를 넘나들며 활동해왔다. 1984년 발표한 Te amo가 삐네다의 대표곡이라고 할 수 있고 그 후 Yolanda와 같은 곡을 발표하며 세계적인 가수로 자리매김했다.

Historia de un Amor

Ya no estás más a mi lado corazón
야 노 에스따스 마스 아 미 라도 꼬라손
이제 있다 더 이상 내 옆 마음
(이제 넌 내 곁에 없네)

En el alma solo tengo soledad
엔 엘 알마 솔로 뗑고 솔레닫

영혼 단지 가지다 고독

(내 영혼은 고독만 씹을 뿐)

Y si ya no puedo verte
이 시 야 노 뿌에도 베르떼
만일 이제 할수있다 널 보다

(널 더 이상 볼 수 없다면)

Por qué Dios me hizo quererte
뽀르 께 디오스 메 이쏘 께레르떼
왜 신 내게 시켰다 널 사랑하다

(신은 왜 널 사랑하게 하여)

Para hacerme sufrir más
빠라 아쎄르메 수프리르 마스
내게 시키다 고통을 겪다 더

(내 마음을 이토록 아프게 하실까)

Siempre fuiste la razón de mi existir
시엠쁘레 푸이스떼 라 라쏜 데 미 엑씨스띠르
항상 였다 이유 내 존재

(넌 언제나 내 존재의 이유였어)

Adorarte para mí fue religión
아도라르떼 빠라 미 푸에 렐리히온
널 사랑하다 였다 종교

(널 사랑한다는 것은 내게 종교였어)

En tus besos yo encontraba
엔 뚜스 베소스 요 엔꼰뜨라바
네 키스 난 찾았었다

(네 키스에서 느껴지는)

El calor que me brindaba
엘 깔로르 께 메 브린다바
열기 내게 제공했었다
(뜨거움은 불 피우네)

El amor y la pasión
엘 아모르 이 라 빠시온
사랑 열정
(내 사랑과 정열을)

Es la historia de un amor
에스 라 이스또리아 데 운 아모르
이다 이야기 사랑
(이것은 어느 사랑 이야기)

Como no hay otro igual
꼬모 노 아이 오뜨로 이구알
~때문에 있다 다른 같은
(이런 사랑만이)

Que me hizo comprender
께 메 이쏘 꼼쁘렌데르
내게 시켰다 이해하다
(이해할 수 있게 했어)

Todo el bien, todo el mal
또도 엘 비엔 또도 엘 말
모든 선 모든 악
(모든 선과 악을)

Que le dio luz a mi vida
께 레 디오 루쓰 아 미 비다
줬다 빛 내 인생
(내 삶을 환하게 비춰주었지만)

Apagándola después
아빠간도라 데스뿌에스
그걸 끄면서 이후에
(이젠 그 빛이 꺼져버렸네)

Ay qué vida tan oscura
아이 께 비다 딴 오스꾸라
얼마나 인생 그토록 어두운
(아! 너무나 어두운 내 인생)

Sin tu amor no viviré.
신 뚜 아모르 노 비비레
네 사랑 살거야
(네 사랑 없인 살 수가 없어)

Guadalupe Pineda

영어로 배우기

- soledad: loneliness (외로움). 영어에는 solitary라는 단어가 있는데 solitary (고독)는 충전을 위해 나를 스스로 혼자 있게 두는 것이다. 혼자 있는 즐거움을 가지는 적극적인 시간을 의미한다. 그러나 lonely (외로움)는 내가 원하지 않지만 혼자 있는 상황에 놓인 것을 의미한다. 스페인어에서는 soledad이란 표현 하나만 존재하여 문장에 따라 그 의미가 달라진다. 이 노래 속의 soledad은 loneliness의 의미로 볼 수 있다.
- la razón de mi existir: the reason for my existence (내 존재의 이유). ~하는 이유로 알맞은 영어표현은 the reason why이다. 예) The reason why I'm late is because of traffic jam (내가 늦은 이유는 교통체증 때문이야). 대화 속에서 이 표현을 더 연습해 보자. A: Tell me the reason why you like me? (나를 좋아하는 이유를 말해줘?) B: The reason why I like you is because you have a warm heart (내가 너를 좋아하는 이유는 네가 따뜻한 마음을 가졌기 때문이다). Tell me the reason why you like me?는 직접적인 표현으로 풀어서 보면 Why do you like me?이다.
- el bien, el mal: good, evil (선, 악). 예) your use of light and dark symbolizes good and evil (너의 빛과 어둠의 사용은 선과

악을 의미한다).

- luz: light (빛). 예) You light up my life (당신은 내 인생의 빛). light은 명사로 '빛'이지만 light up은 동사로는 '비추다'이다.
- después: later (이후에)
- oscura: dark (어두운). 예) my dark life(mi vida oscura, 어두운 내 인생).

스페인어로 배우기

- a mi lado: 내 곁에
- hizo: 했다(하다 hacer 과거 3인칭 변화/ hice-hiciste-hizo)
- fuiste: 였다(이다 ser 과거 2인칭 변화/ fui-fuiste-fue)
- para mí: 내게는
- dio: 줬다(주다 dar 과거 3인칭 변화/ di-diste-dio)
- viviré: 살거야(살다 vivir 미래 1인칭 변화/ viviré- vivirás-vivirá)

한 걸음 더 들어가기

You light up my life (당신은 내 인생의 등불)

1977년의 영화 You light up my life의 ost로, 이 영화의 감독 · 대본 · 음악을 담당했던 조셉 브룩스(Joseph Brooks)가 작사, 작곡한 왈츠풍의 아름다운 사랑의 발라드이다. 이 곡을 부른 가수 Debby Boone은 그래미상의 1977년도 최우수 신인상을 받았고, 아카데미상의 77년도 주제가상을 받은 바 있다.

You light up my life

- Debby Boone -

So many nights I'd sit by my window

(수 많은 밤 난 창가에 앉아 있곤 했죠)

Waiting for someone to sing me his song

(내게 노래를 불러줄 누군가를 기다렸어요)

So many dreams I kept deep inside me

(수 많은 꿈들을 내 안에 깊게 간직했어요)

Alone in the dark but now you've come along

(어둠 속에 혼자서 하지만 이제 당신이 나타났어요)

And you light up my life

(그리고 당신은 내 인생을 밝혔어요)

You give me hope to carry on

(살아갈 희망을 내게 줬어요)

You light up my days and fill my nights with song

(당신은 내 날들을 밝혔고 내 밤들을 노래로 채웠어요)

Rollin' at sea, a drift on the water

(바다에서 떠돌고, 표류했죠)

Could it be finally I'm turning for home?

(마침내 난 집으로 돌아갈 수 있을까요?)

Finally a chance to say "Hey, I love you"

(마침내 '이봐요, 난 당신을 사랑해요'로고 말할 순간이 왔어요)

Never again to be all alone

(다시는 혼자 있지 않겠어요)

And you light up my life

(그리고 당신은 내 인생을 밝혔어요)

You give me hope to carry on

(살아갈 희망을 내게 줬어요)

You light up my days and fill my nights with song
(당신은 내 날들을 밝혔고 내 밤들을 노래로 채웠어요)

- sit by: ~옆에 앉다
- wait for: 를 기다리다
- keep deep inside: 마음속 깊이 간직하다
- light up: 불을 밝히다 (light은 명사로는 빛, 동사로 불을 붙이다의 뜻을 갖는다. 또한 '가벼운' 의미로도 많이 사용한다. 예를 들면 Light refreshments will be served 가벼운 다과가 제공될 것이다).
- carry on: 생계를 이어가다(살아가다), 잇다
- fill A with B: A를 B로 채우다
- drift: 떠가다, 표류하다

Aléjate de Mí 알레하떼 데 미 내게서 멀어져

멕시코 팝/락 밴드인 까밀라(Camila)의 히트곡 중 하나로 2010년에 나온 곡으로 Aléjate De Mí(내게서 멀어져)라는 제목과 같이 사랑하는 연인과 거리를 두려고 하는 남자의 마음을 담은 노래이다. 가장 사랑하는 사람을 상처 입힌 자신을 고백하며 연인에게 떠나라고 하는 슬픈 노래이다.

Aléjate de Mí

Aléjate de mi y hazlo pronto antes de que te mienta
알레하떼 데 미 이 아쓸로 쁘론또 안떼스 데 께 떼 미엔따
멀어져 내게서 멀어져 빨리 ~전에 네게 거짓말하다

(내게서 멀어져, 내가 너한테 거짓말을 하기 전에 빨리)

Tu cielo se hace gris, yo ya camino bajo la tormenta
뚜 씨엘로 세 아쎄 그리스 요 야 까미노 바호 라 또르멘따
네 하늘 ~이 되다 회색 난 이미 걷는다 아래서 폭풍

(네 하늘은 잿빛이 되고, 난 이미 폭풍 속을 걸어가고 있어)

Aléjate de mi, escapa, vete, ya no debo verte
알레하떼 데 미 에스까빠 베떼 야 노 데보 베르떼
멀어져 내게서 도망쳐 가버려 이제 해야한다 널 보다

(내게서 멀어져, 도망쳐 가버려, 난 널 봐서는 안돼)

Entiende que aunque pida que te vayas, no quiero perderte
엔띠엔데 께 아운께 삐다 께 떼 바야스 노 끼에로 뻬르데르떼
이해해줘 비록 요구하다 네게 떠나라고 원하다 널 잃다

(너한테 떠나라고 말하더라도, 널 잃고 싶지 않은 내 마음을 이해해 줘,)

La luz ya no alcanza
라 루쓰 야 노 알깐싸
빛 이제 도달하다

(빛이 이제 닿지 않아)

No quieras caminar sobre el dolor, descalza
노 끼에라스 까미나르 소브레 엘 돌로르 데스깔싸
원하다 걷다 위에 고통 맨발로

(맨발로 고통의 길을 걸으려고 하지마)

Un ángel te cuida
운 앙헬 떼 꾸이다
천사 널 돌보다

(천사가 널 지켜주고)

Y puso en mi boca la verdad para mostrarte la salida
이 뿌소 엔 미 보까 라 베르닷 빠라 모스뜨라르떼 라 살리다
놓았다 내 입 진실 내게 보여주다 출구

(너에게 탈출구를 보여주려고 내 입에서 진실을 말하도록 한거야)

Y aléjate de mi, amor
이 알레하떼 데 미 아모르
멀어져 네게서 사랑

(내게서 멀어져, 사랑아)

Yo sé que aun estás a tiempo
요 세 께 아운 에스따스 아 띠엠뽀
난 알아 아직 있다 시간

(넌 아직 늦지 않았어)

No soy quien en verdad parezco y perdón no soy quien crees
노 소이 끼엔 엔 베르닷 빠레쓰꼬 이 뻬르돈 노 소이 끼엔 끄레스
이다 진실 내 모습이다 미안해 이다 생각하다

(이 모습이 진짜 내가 아니야, 네가 생각하는 그런 사람이 아니라 미안해)

Yo no caí del cielo
요 노 까이 델 씨엘로
난 떨어졌다 하늘

(난 하늘에서 내려오지 않았어)

Si aun no me lo crees, amor
시 아운 노 메 로 끄레스 아모르
만일 아직 내게 그걸 믿다 사랑

(아직도 내 말을 믿지 못한다면, 사랑아)

Y quieres tú correr el riesgo
이 끼에레스 뚜 꼬레르 엘 리에스고
원하면 네가 달리다 위험

(아직도 위험을 감수하려 한다면)

Verás que soy realmente bueno en engañar y hacer sufrir
베라스 께 소이 레알멘떼 부에노 엔 엔가냐르 이 아쎄르 수프리르
알게될거야 이다 실제로 좋은 속이다 아프게하다

(내가 얼마나 잘 속이고 아프게 할 수 있는 사람인지 알게 될거야)

A quien más quiero
아 끼엔 마스 끼에로
~를 가장 사랑하다
(내가 가장 사랑하는 사람을)

Aléjate de mi pues tú bien sabes que no te merezco
알레하떼 데 미 뿌에스 뚜 비엔 사베스 께 노 떼 메레쓰꼬
멀어져 내게서 넌 잘 알다 네게 가치가있다
(내게서 멀어져, 내가 널 사랑할 자격이 없는 거 잘 알잖아)

Quisiera arrepentirme, ser el mismo y no decirte esto
끼시에라 아레뻰띠르메 세르 엘 미스모 이 노 데씨르떼 에스또
원하다 후회하다 이다 똑 같은 네게 말하다 이것을
(내가 변하지 않은 것과 이걸 너한테 말하지 않을 걸 너무나 후회해)

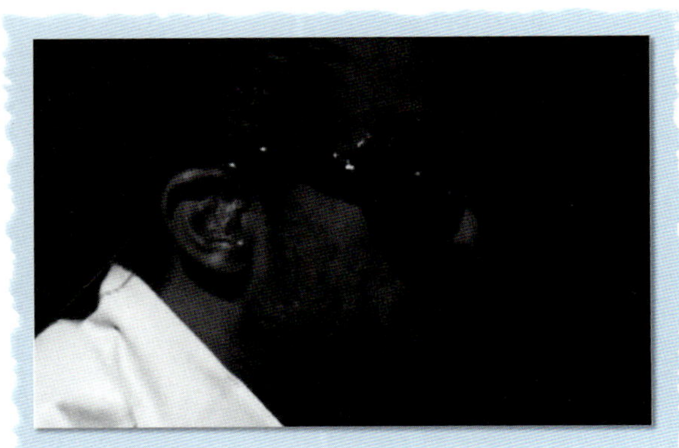

Camila

영어로 배우기

- aléjate de mi: get away from me (내게서 멀어져) 영어의 away는 '시·공간적으로 떨어져 있는'의 뜻이다. 예를 들어 run away (도망가다), far away (멀리 떨어진), 그리고 fade away (희미해지다)의 표현들이 있다.
- haz: Please do (~를 해라) 영어의 긍정 명령문은 주어를 생략하고 동사의 원형으로 시작한다. Please를 넣으면 표현이 훨씬 부드러워지고 또 공손함의 의미가 전달된다. ex) You do your house work의 문장에서 You를 생략하고 동사 do의 원형을 사용하여 'Do your house work!'으로 만들면 된다. 부정 명령문의 경우에는 주어를 생략하고 동사를 원형으로 만들고 동사 앞에 Don't, 혹은 Never 붙여 만들면 된다. ex) You make noise의 문장에서 You를 생략하고 동사원형 make 앞에 Don't을 붙여 만들면 된다. 'Don't make noise pleas' (떠들지마).
- deber + 동사 원형: must (~ 해야 한다). 예) I mustn't see you (난 널 봐서는 안돼). 우리 말로는 '~ 해야 한다'와 동일한 뜻을 가진 must, have to, should는 각각 그 뉘앙스에 따른 쓰임의 차이가 있다. 1) must는 강제성이 동반된 의무로 지켜야 할 법규, 무조건 해야할 일 등에 사용한다. 예) You must fasten your seat

belt while driving. 2) have to는 일상적으로 많이 사용하는 강제성이 없는 '해야만 한다'의 의미로 개인적 차원의 의무나 책임을 표현한다. 예) I have to finish my assignment. 3) should는 제안, 권유, 충고 등에 사용되며 '~하는 편이 낫다'의 의미로 사용된다. 예) You look so tired. You should take a full rest.

- querer + 동사원형: want to + 동사원형, would like to + 동사원형 (~ 하고 싶다). 예) I don't want to lose you (너를 잃고 싶지 않아). I would like to drink coffee (커피 마시고 싶어요).
- correr el riesgo:take a risk, run a risk (위험을 무릅쓰다). 예) I can't run the risk of talking to him (내가 위험을 무릅쓰고 말할 수 없어). If you're still willing to take risks (아직도 위험을 감수하려 한다면).

스페인어로 배우기

- aléjate de mi: 내게서 멀어져(alejarse de mi의 2인칭 명령)
- hazlo: 그걸 해라(하다 hacer의 2인칭 명령 + 목적격 lo)
- antes de: ~하기 전에(antes de que + 접속법)
- se hace ~: ~이 되다

- no debo verte: 난 널 봐서는 안돼(deber + 동사 원형: ~ 해야 한다)
- aunque pida que~: 설사 ~를 요구한다 하더라도(aunque + 직설법: 비록 ~하지만/ aunque + 접속법: 설사 ~한다 할지라도)
- no quiero perderte: 널 잃고 싶지 않다(querer + 동사원형: ~ 하고 싶다)
- a tiempo: 제 시간에
- perdón: 미안해 (미안합니다)
- caí del cielo: 하늘에서 떨어졌다(caer de~: ~에서 떨어지다)
- correr el riesgo: 위험을 무릅쓰다

한 걸음 더 들어가기

사과의 표현

- I wanna set the record straight (내 잘못을 바로 잡고 싶어). 내가 잘못한 것에 무엇인지 정확히 알고 잘못을 인정하는 단계에서 사용할 수 있는 표현이다.
- I apologize for~ (~에 대해 사과할게). 우리는 미안하다는 표현에 'I'm sorry'를 많이 사용하지만 apology는 sorry라는 표현보다

는 다소 정중한 표현이다. I apology for my mistake (so 실수에 대해 사과드려요).

- I'm sorry for~ (~에 대해 미안해). 예) I'm really sorry. I didn't mean it (미안해, 내가 그러려고 한건 아니야).
- I didn't do it on purpose (고의로 그런건 아니야) * on purpose (고의로)
- It's my fault (내 잘못이야)
- Nothing personal (개인적인 감정은 없어)
- Overstep (도를 넘다) 예) I apologize if I overstepped in some way (내가 어떤식으로든 도를 넘었다면 사과할게)
- Out of line (도를 넘다, 주제넘게 굴다) 예) I guess I was out of line (내가 주제넘게 굴었던 것 같아)

La Golondrina 라 골론드리나 제비

멕시코 민요, 1862년 프랑스 나폴레옹3세가 멕시코를 침공했을 당시, 포로로 프랑스에 잡혀간 멕시코인 의사이자 작곡가인 나르씨소 소라델 세비야(Narciso Sorradelle Sevilla)가 조국과 고향을 그리며 만든 곡.

La Golondrina

Adónde irá veloz y fatigada
아돈데 이라 벨로쓰 이 파티가다
어디로 갈거다 빨리 지친
(지친 날개로 저렇게 빨리 어디로 날아갈까?)

La golondrina que de aquí se va
라 골론드리나 께 데 아끼 세 바
제비 여기 가버리다
(저 제비는 여기를 떠나서)

Por si en el viento se hallará extraviada
뽀르 시 엔 엘 비엔또 세 아야라 엑스뜨라비아다
만일 바람 있을것이다 길을 잃은
(혹시 바람 속에서 길을 잃고)

Buscando abrigo y no lo encontrará.

부스깐도 아브리고 이 노 로 엔꼰뜨라라

찾으면서 보호물 그걸 찾을것이다

(찾지 못하고 길을 잃었나?)

Junto a mi lecho le pondré su nido

훈또 아 미 레초 레 뽄드레 수 니도

곁에 잠자리 그에게 놓을것이다 그의 둥지

(내 잠자리 곁에 그의 둥지를 놓아줄까)

En donde pueda la estación pasar

엔 돈데 뿌에다 라 에스따씨온 빠사르

할수있다 계절 지나가다

(여기서 한 계절을 보낼 수있게)

También yo estoy en la región perdido

땀비엔 요 에스또이 엔 라 레히온 뻬르디도

역시 나 있다 지역 잃어버린

(나도 길을 잃고 헤메고 있는데)

Oh Cielo Santo, y sin poder volar

오 씨엘로 산또 이 신 뽀데르 볼라르

하늘 성스러운 할수있다 날다

(아, 하늘이시여! 나도 날 수가 없습니다)

Dejé también mi patria idolatrada

데헤 땀비엔 미 빠뜨리아 이돌라뜨라다

놔뒀다 역시 내 조국 엄청 좋아하는

(나도 사랑하는 조국을 떠났습니다)

Esa mansión que me miró nacer
에사 만시온 께 메 미로 나쎄르
그 집 날 봤다 태어나다

(내가 태어난 집도)

Mi vida es hoy errante y angustiada
미 비다 에스 오이 에란떼 이 안구스띠아다
내 삶 이다 오늘 방랑하는 고통스러운

(오늘 내 삶은 방황과 고통이요)

Y ya no puedo a mi mansión volver
이 야 노 뿌에도 아 미 만시온 볼베르
이제 할수있다 내 집 돌아가다

(난 이젠 집으로 돌아갈 수 없어요)

Ave querida, amada peregrina
아베 께리다 아마다 뻬레그리나
새 사랑하는 연인 순례하는

(사랑하는 제비여, 방황하는 사랑이여,)

Mi corazón al tuyo acercaré
미 꼬라쏜 알 뚜요 아쎄르까레
내 마음 네 것 다가갈것이다

(내 마음은 당신 품으로 다가갈거에요)

Voy recordando, tierna golondrina
보이 레꼬르단도 띠에르나 골론드리나
기억하다 부드러운 제비

(난 기억하고 있어요, 다정한 제비여)

Recordaré mi patria y lloraré
레꼬르달레 미 빠뜨리아 이 요라레
기억할거야 내 조국 울것이다

(내 조국을 기억하며 눈물을 흘릴 거에요)

영어로 배우기

- Adónde: where to (어디로). 예) Where to, sir?' the driver asked (어디로 모실까요? 운전사가 물었다).
- fatigada (fatigar): tire, poop (누구를) 피곤하게 하다. 예) He was too tired to go out (그는 너무 피곤해서 외출할 수 없었다). tired는 많이 친숙한 표현이다. 영어 Intern에서 I have to get some sleep, kid. I'm pooped (난 잠 좀 자야겠어. 피곤해)라는 표현이 나온다. 참고로 pooped는 피로해서 녹초가 되다, 녹초가 된, 기진맥진하다는 뜻이다.
- golondrina: swallow (제비). 예) When spring comes, there are lots of swallows in our neighborhood (우리 동네에는 봄이면 오는 동시에 제비도 많다).
- viento: wind (바람). 예) lost in the wind (바람 속에 길을 잃고)
- encontrará: will find (찾을 것이다). 예) Can't find it and get lost? (찾지 못하고 길을 잃었나?).
- lecho: bed (침대)
- nido: nest (둥지). 예) Shall I put his nest next to my bed (내 잠자리 곁에 그의 둥지를 놓아줄까?)
- volar: fly (날다). 예) I can't fly (나는 날 수가 없다)

- hoy: today (오늘).
- errante: wandering (방황하는). 예) wandering love (방황하는 사랑이여)
- recordando: remember (기억하다). Remember는 뒤에 to부정사를 목적어를 취할 수도 있고 동명사를 취할 수도 있다. Remember + to부정사는 앞으로 있을 일을 기억하다의 뜻을 가지고, Remember + 동명사는 과거에 있었던 일을 기억하다의 의미로 어느 것이 목적어로 오는지에 따라 그 의미에도 차이가 있으므로 유의하여 사용해야 한다.
    1) Please remember to turn off the light when you go out
    (외출할 때 불 끄고 나오는 것 기억해)
    2) I remember turning off the light when I went out
    (내가 외출할 때 불 끄고 나온것을 기억한다)

스페인어로 배우기

- irá: 갈거다(가다 ir 미래 3인칭 변화: iré-irás-irá)
- de aquí: 여기에서
- se va: 가버리다(ir a~: ~로 가다/ irse de~: ~에서 가버리다)

- por si: 혹시
- se hallará extraviada: (= estará extraviada) 길을 잃지 않았을까 (현재의 추측)
- Mi corazón al tuyo acercaré: (= Mi corazón acercaré al tuyo) 내 마음은 당신 품으로 다가갈거다
- voy recordando: 계속 기억하고 있다(ir + 현재분사 = 현재진행형)

한 걸음 더 들어가기

이별에 관한 영어표현

1) 끝나다, 관계가 깨지다: break up.

   예) Jane broke up with Tim (Jane은 Tim과 헤어졌다)

   split up. 예) We split up (우리 깨졌어).

2) 사랑이 식다: fall out of love.

   예) People can easily fall out of their love.

   (사람들은 쉽게 사랑이 식기도해)

3) 멀어지다: drift apart.

예) My boy friend and I have drifted apart.

(남자 친구와 내 사이가 멀어졌어)

4) 아직 미련이 남다: have feelings.

예) I still have feeling for him.

(아직 그 남자에게 미련이 남아있어)

5) 못 잊다: get over.

예) I can't het over him (나 그 남자를 못 잊겠어)

6) 차단하다: block.

예) I blocked him on instagram (난 그 사람 인스타그램 차단했어)

7) 몰래보다: stalk

예) I stalked him on instagram

(난 그 사람 인스타그램 몰래 봤어)

8) 내 짝이 아니다: not the one for me

예) He's not the one for me (그는 내 짝이 아니야)

Amorfoda 아모르포다 사랑이란

카렌 멘데쓰(Karen Méndez)의 Amorfoda는 원래 포르투갈어로 된 노래고 사랑이란 말에 부정적인 의미인 foda를 붙여 만든 제목이다. 'Amorfoda'는 '사랑 따위'로 이해하면 될 것 같다.

No quiero que más nadie me hable de amor
노 끼에로 께 마스 나디에 메 아블레 데 아모르
원하다 더 아무도 내게 이야기하다 사랑
(내게 더 이상 사랑에 대해 이야기해 줄 사람을 원치않아)

Ya me cansé
야 메 깐세
이제 난 지쳤다
(난 이제 지쳤어)

Esos trucos ya me los sé
에소스 뜨루꼬스 야 메 로스 세
그 속임수들 이제 난 그것들 알다
(난 이제 그 속임수들을 전부 다 알았어)

Esos dolores ya los pasé
에소스 돌로레스 야 로스 빠세
그 고통들 이제 그것들 지나갔다

(난 그 고통들을 이미 다 겼었어)

No quiero que más nadie me hable de amor
노 끼에로 께 마스 나디에 메 아블레 데 아모르
원하다 더 아무도 내게 이야기하다 사랑
(내게 더 이상 사랑에 대해 이야기해 줄 사람을 원치않아)

Hoy te odio, no es secreto, ante todo lo confieso
오이 떼 오디오 노 에스 세끄레또 안떼 또 도 로 꼰피에소
오늘 널 미워해 이다 비밀
(오늘 네가 미워, 비밀로 할 것도 없으니, 내가 먼저 털어놓을게)

Si pudiera, te pidiera que devuelvas todos los besos que te di
시 뿌디에라 떼 삐디에라 께 데부엘바스 또도스 로스 베소스 께 떼 디
만일 할수만있다면 네게 요구하다 되돌려주다 모든 입맞춤 네게 줬다
(할 수만 있다면 너한테 했던 키스를 전부 다 되돌려 받고 싶어)

Las palabras y todo el tiempo que perdí
라스 빨라브라스 이 또도 엘 띠엠뽀 께 뻬르디
낱말들 모든 시간 잃었다
(잃어버린 말과 모든 시간도)

Me arrepiento una y mil veces de haber confiado en ti
메 아레삐엔또 우나 이 밀 베세스 데 아베르 꼰피아도 엔 띠
난 후회해 일천 번 신뢰하다 널
(널 믿었던 것을 수도 없이 후회해)

Quisiera que te sientas como yo me siento
끼시에라 께 떼 시엔따스 꼬모 요 메 시엔또
좋겠다 네가 느끼기를 ~처럼 내가 느끼다
(너도 내가 느낀 것처럼 느껴봤으면 좋겠다)

Quisiera ser como tú, sin sentimiento
끼시에라 세르 꼬모 뚜 신 센띠미엔또
좋겠다 ~이다 처럼 너 없이 감정

(나도 너처럼 아무런 감정이 없으면 좋겠다)

Quisiera sacarte de mi pensamiento
끼시에라 사까르떼 데 미 삔사미엔또
좋겠다 널 꺼내다 내 생각

(내 생각에서 널 지울 수 있으면 좋겠다)

Quisiera cambiarle el final al cuento
끼시에라 깜비아를레 엘 피날 알 꾸엔또
좋겠다 바꾸다 끝 이야기

(이 이야기의 결말을 바꿀 수 있으면 좋겠다)

Las barras y los tragos han sido testigo
라스 바라스 이 로스 뜨라고스 안 시도 떼스띠고
바 술 몇 잔 이다 증인

(그 동안 바에서 마신 술들이 증인이야)

Del dolor que me causaste y todo lo que hiciste conmigo
델 돌로르 께 메 까우사스떼 이 또도 로 께 이시스떼 꼰미고
고통 내게 일으켰다 모든 것 했다 내게

(네가 나한테 준 아픔과 나한테 저지른 모든 것들의)

Un infeliz en el amor, que aun no te supera
운 인펠리쓰 엔 엘 아모르 께 아운 노 떼 수뻬라
불행한 사랑 아직도 널 극복하다

(아직도 너와의 사랑에서 벗어나지 못한 불행한 자는)

Que ahora camina solo sin nadie, por todas las aceras
께 아오라 까미나 솔로 신 나디에 뽀르 또다스 라스 아쎄라스

이제 걷는다 홀로 없이 아무도 모든 인도

(이제 홀로 외로이 정처없이 걸어간다)

Preguntándole a Dios si en verdad el amor existe
쁘레군딴도레 아 디오스 시 엔 베르닫 엘 아모르 엑씨스떼
물어보면서 신에게 진짜로 사랑 존재하다

(사랑이 정말로 존재하는지 신에게 물어보면서)

Por qué si yo era tan bueno, toda esta mierda tú me hiciste
뽀르 께 시 요 에라 딴 부에노 또다 에스따 미에르다 뚜 메 이씨스떼
왜 만일 내가 였다 그토록 좋은 모든 이 똥 너는 내게 했다

(왜 넌 나같이 좋은 사람한테 이런 나쁜 짓을 했는지)

Lo más cabrón es que tú ves todo como un chiste
로 마스 까브론 에스 께 뚜 베스 또도 꼬모 운 치스떼
것 가장 개같은 이다 네가 보다 모든 처럼 농담

(가장 골때리는 건 네가 이 모든 것을 그냥 장난으로 생각한거야)

Siempre voy a maldecir el día en que naciste
시엠쁘레 보이 아 말데씨르 엘 디아 엔 께 나씨스떼
항상 저주하다 날 태어났다

(난 네가 태어날 날을 항상 저주할거야)

Los chocolates que te di, y todas las flores
로스 초콜라떼스 께 떼 디 이 또다스 라스 플로레스
초콜렛 네게 줬다 모든 꽃들

(너한테 줬던 초콜렛과 모든 꽃들은)

Se convierten hoy en día en pesadillas y dolores
세 꼰비에르뗀 오이 엔 디아 엔 뻬사디야스 이 돌로레스
(~로)바뀐다 오늘 날 악몽 고통

(오늘부로 악몽과 고통이 됐어)

Ya yo perdí la fe de que tú mejores
야 요 뻬르디 라 페 데 께 뚜 메호레스
이제 난 잃었다 믿음 네가 좋아지다

(네가 좋은 사람이 될거란 믿음은 이제 다 사라졌어)

Si después de la lluvia sale el arco iris pero sin colores
시 데스뿌에스 데 라 유비아 살레 엘 아르코 이리스 뻬로 신 꼴로레스
만일 이후에 비 나오다 무지개 그러나 ~없이 색깔

(비가 온 뒤 무지개가 뜨는데, 그런데 색깔이 없네)

No quiero que más nadie me hable de amor
노 끼에로 께 마스 나디에 메 아블레 데 아모르
원하다 더 아무도 내게 이야기하다 사랑

(내게 더 이상 사랑에 대해 이야기해 줄 사람을 원치않아)

영어로 배우기

- hablar de ~: talk about(~에 대해 말하다). 예) talk about love(사랑에 대해 이야기하다). 우리나라 말로 '말하다'와 관련된 영어 표현에는 say, tell, speak, talk이 있다. 1) say는 완전타동사로 '~에게 ~를 말하다'로 say me처럼 사람 목적어를 쓰지 않는 것이 특징으로 say something 혹은 say something to someone형식으로 사용한다. 예) She said her opinion to me. 2) tell은 뒤에 간접목적어와 직접목적어가 나란히 오는 수여동사이다. tell something that (~를 누군가에게 말하다), tell someone something (~를 누군가에게 말하다), tell someone to (~하기를 누군가에게 말하다). 예) tell me something (나에게 뭔가를 말해줘). 3) speak과 talk은 자동사로 say와 tell과는 다르게 목적어가 바로 올 수 없기 때문에 전치사와 함께 사용한다. speak의 경우에는 어떤 사실이나 내용을 전달하는데 초점이 있고 또 언어를 구사하다의 뜻을 가진다. 예) She speaks to him (그녀가 그에게 말한다). 4) talk은 누군가와 대화를 나눈다는 것에 초점이 맞춰져 사용된다. 예) I'm talking about my future (나는 나의 미래에 관해 이야기하고 있다).
- ante todo: first of all, first (무엇보다도, 먼저). 예) I'll tell you

first (내가 먼저 털어놓을게)

- me arrepiento (arrepentirse): regret (~를 후회한다). 예) I regret so many times that I trusted you (널 믿었던 것을 수도 없이 후회해). 영어의 regret은 뒤에 to부정사가 오는지, ~ing가 오는지에 따라 regret to (앞으로 할 것에 대해 유감스럽게 생각하다), regret ~ing (과거에 한 일에 대해 후회하다)로 의미가 달라진다. 예) I regret to inform you that I can't make it (내가 약속을 지키지 못하는 것을 너에게 알려주게 돼서 유감이다). I regret doing such a stupid thing (내가 그러한 어리석을 짓을 한 것을 후회한다).
- confiado en ti(confiar en ~): trust you (너를 믿다, 신뢰하다). '믿다, 신뢰하다'의 뜻을 가진 영어 표현으로는 가장 먼저 'believe'란 표현이 떠오를 수 있다. 하지만 believe는 말, 행동, 일, 사건 등을 믿는다는 것으로 범용적인 믿음을 의미하며, ~이 존재한다는 것을 믿는 다는 의미에서는 believe in~을 사용한다. 예) I believe I can do this (나는 내가 이것을 할 수 있음을 믿어), I believe in God (나는 하느님을 믿어). 그러나 인간관계에 있어서의 믿음과 신뢰, 또는 무언가의 특정한 '성질'을 믿는 것은 trust를 사용한다. 예) I trust you (나는 너를 믿어), Our customers trust our products (우리 고객들은 우리 제품을 신뢰

한다).

- el día en que naciste: the day you were born (네가 태어났던 날). 태어났다는 현재형이나 미래형이 불가능한 동사이므로 늘 과거로 표현한다. 예) I was born in 1967.

스페인어로 배우기

- me hable de amor: 내게 사랑에 대해서 말하다(hablar de ~: ~에 대해 말하다)
- ante todo: 무엇보다도, 먼저(= sobre todo)
- me arrepiento: 나는 후회한다(arrepentirse)
- confiado en ti: 널 신뢰하다(confiar en ~)
- en verdad: 사실, 실제로
- voy a maldecir: 저주할거야(Ir a + 동사원형: ~를 할 것이다)
- el día en que naciste: 네가 태어났던 날
- se convierten en ~: ~로 바뀌다
- hoy en día: 오늘 날

한 걸음 더 들어가기

영국의 그룹 Queen의 〈I was born to love you〉

I was born to love you

(나는 당신을 사랑하기 위해 태어났어요)

With every single beat of my heart

(나의 심장 박동 하나 하나가 그래요)

Yes, I was born to take care of you

(맞아요, 나는 당신을 보살피기 위해 태어났어요)

Every single day.

(매일 매일을)

You are the one for me

(당신은 나를 위한 사람이고)

I am the man for you

(나는 당신을 위한 남자이죠)

You were made for me

(당신은 나를 위해 태어났고)

You are my ecstasy

(당신은 나를 황홀하게 만들어요)

If I was given every opportunity

(나에게 다른 기회들이 있을지라도)

I'd kill for your love

(나는 당신이 정말로 필요해요)

So take a chance with me

(그러니 나와 함께 이 기회를 잡아요)

Let me romance with you

(당신과 로맨스를 꿈꾸게 해줘요)

I'm caught in a dream

(나는 꿈에 사로잡혔어요)

And my dreams come true

(그리고 나의 꿈이 실현이 됐어요)

It's so hard to believe

(믿기 어렵지만)

This is happening to me

(나에게 이런 일이 일어났네요)

An amazing feeling

(이 놀라운 감정이)

Coming through
(이루어지네요)

- every single beat: 심장 박동 하나하나 모두
- take care of: ~를 돌보다
- Every single day: 매일매일
- ecstasy: 황홀감
- I'd kill for: ~가 정말로 갖고 싶어, 필요해
- caught in: 이러지도 저러지도 못하는, 사로잡힌
- coming through: 이루어지다, 해내다.

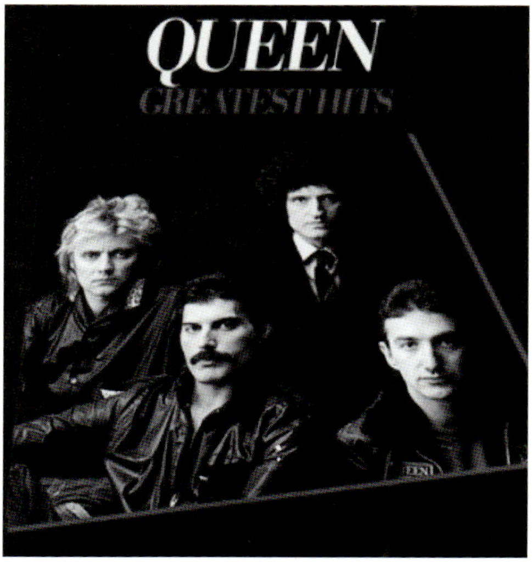

La Llorona 라 요로나 내 요로나

멕시코 민요로 애니메이션 <코코>와 멕시코 여류화가를 그린 영화 <프리다 칼로>의 삽입곡으로 유명하다

La Llorona

Ay de mí, Llorona
아이 데 미 요로나
(아, 내 요로나)

Llorona de azul celeste
요로나 데 아술 셀레스떼
파란색 하늘의
(하늘색의 요로나)

Y aunque la vida me cueste, Llorona
이 아운께 라 비다 메 꾸에스떼 요로나
비록 삶 내게 댓가를 치르다
(내 삶을 댓가로 지불하더라도, 요로나)

No dejaré de quererte
노 데하레 데 께레르떼

뇌둘거다 널 사랑하다

(끝까지 널 사랑할거야)

Me subí al pino más alto, Llorona
메 수비 알 삐노 마스 알또 요로나
올라갔다 소나무 더 높은

(난 가장 높은 소나무에 올라갔어, 요로나)

A ver si te divisaba
아 베르 시 떼 디비사바
보다 혹시 널 희미하게봤다

(네가 멀리서라도 보이는지 보려고)

Como el pino era tierno, Llorona
꼬모 엘 삐노 에라 띠에르노 요로나
~때문 에 소나무 였다 여린

(그 소나무는 여려서, 요로나)

Al verme llorar, lloraba
알 베르메 요라르 요라바
날 보다 울다 울었다

(내가 우는 것을 보고는 같이 울었어)

La pena y la que no es pena, Llorona
라 뻬나 이 라 께 노 에스 뻬나 요로나
슬픔

(슬픔과 슬픔이 아닌 것, 요로나)

Todo es pena para mí
또도 에스 뻬나 빠라 미
전부 이다 슬픔 내게는

(그 모든 것이 내게는 슬픔이야)

Ayer lloraba por verte, Llorona
아예르 요라바 뽀르 베르떼 요로나
어제 울었다 널 보다

(어제는 네가 보고 싶어 울었어, 요로나)

Hoy lloro porque te vi
오이 요로 뽀르께 떼 비
오늘 울다 왜냐면 널 봤다

(오늘은 널 봐서 울고있어)

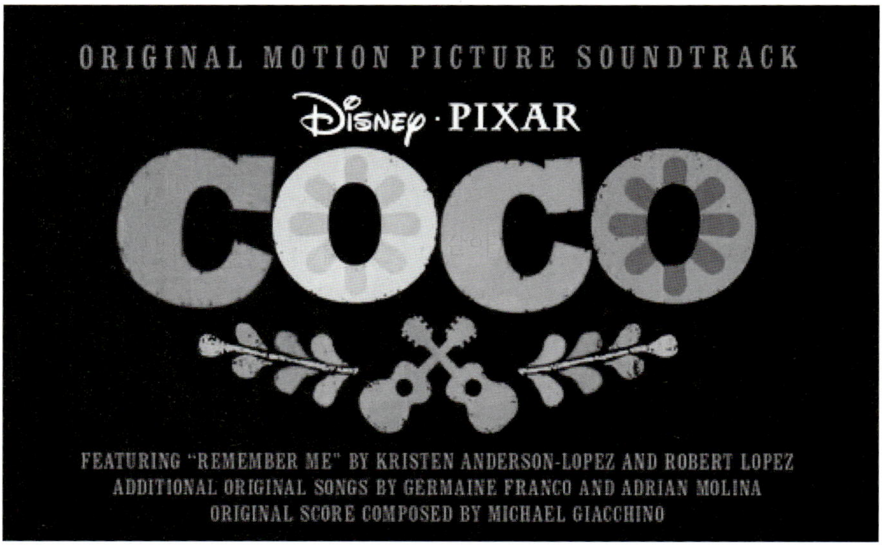

영어로 배우기

- azul: blue (푸른색). 예) Blue sky (파란 하늘)
- aunque: even if (비록 ~일지라도). 우리가 동일한 의미로 알고 있는 even if와 even though는 사실 유의해서 사용해야한다. 1) even if 뒤에는 가정이 온다. 예) Even if you paid for the movie, I wouldn't watch it (당신이 지불했어도 난 그 화를 안 봤을 거야). even if는 가상의 것을 소개하느라 사용한다. 2) even though 뒤에는 사실이 온다. 예) Even though I don't like coffee, I'm ordering it at the cafe (카피를 싫어하지만 그 카페에서는 커피를 주문한다). even though, despite이나 in spite of은 사실이지만 예상치 못한 일에 사용한다.

- dejaré: leave (놓다, 두다) 예) leave behind (남겨두다)
- subí(subir): go up, climb (올라가다).
- pino: pine tree (소나무)
- divisaba(divisar): look dim, in the hazy in the distance (물건이 희미하게 보이다).
- tierno: soft, delicate (여린)
- lloraba: cry (울다)

- Todo: all, everything (전부, 모두)
- porque: because (왜냐하면)

스페인어로 배우기

- azul celeste: 하늘색(cf. azul mar: 남색)
- aunque: 비록 ~지만(cf. aunque + 접속법: 설사 ~할지라도)
- No dejaré de quererte: 반드시 널 사랑할 거다(dejar de + 동사원형: ~하는 것을 관두다)
- el pino más alto: 가장 높은 소나무(스페인에서는 소나무나 잣나무 전부 pino라고 한다)
- al verme llorar: 내가 우는 것을 봤을 때(al + 동사원형: ~할 때/주절과 종속절의 주어가 다른 경우에는 al + 동사원형 대신 cuando + 주어 + 동사 형식의 문장을 사용해야 한다)

한 걸음 더 들어가기

색깔 영어로 표현하는 감정

- Blue (파란색):
  - feel blue: 우울하다
    예) When I hear that song, I feel blue
    (그 노래를 들으면 울적해)
  - out of blue: 난데없이, 갑자기
    예) The decision was out of the blue
    (갑작스런 결정이었다)

- Green (초록색):
  - green with envy: 몹시 샘을 내는
    예) She turned green with envy when her friend passed the exam.
    (그녀는 친구가 시험에 합격하자 몹시 샘을 냈다)

- Yellow (노란색): 겁이 많은

  예) I'm yellow, so I always avoid scary situations.

  (나는 겁이 많아 무서운 상황을 늘 피한다)

- Red (빨간색):

  - paint the town red: 야단법석을 떨다, 진탕 마시다,

  예) Why don't we paint the town red?

  (오늘 즐거운 시간을 보내는 게 어때?)

- Pink (분홍색): tickled pink: 무척 기쁜

  예) Cindy was tickled pink at the news.

  (신디는 그 소식에 무척 기뻤다)

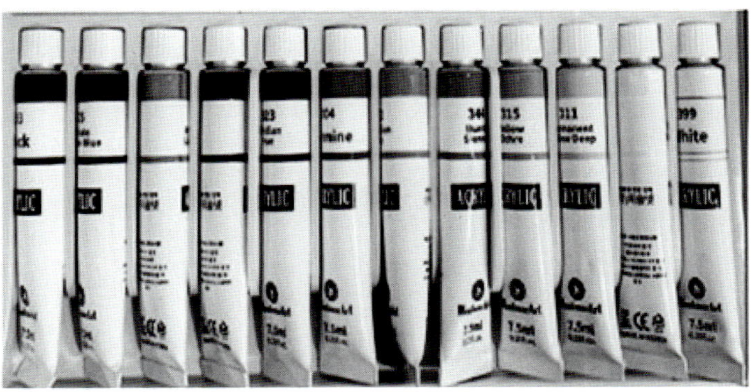